José María Pérez Chaves

C. S. Lewis y Narnia

José María Pérez Chaves

C. S. Lewis y Narnia

BIBLIOTHECA
HOMO
LEGENS

BIBLIOTHECA HOMO LEGENS

Calle Nicasio Gallego, 9
28010 Madrid
91 005 35 54
www.homolegens.com

ISBN: 978-84-19349-93-4
Depósito legal: M-10413-2025

Maquetación de la cubierta: Álex H. Poles
Ilustraciones interiores: Mirian Águeda Miguel
Maquetación: Pablo Larrocha

Impreso en España - Printed in Spain

Índice

Al corazón de los hombres se llega
a través de la imaginación.

John Henry Newman

A J. L. Cabria, mi mentor

Prólogo

En los últimos años, se ha despertado en España un animado debate sobre el lugar y la relevancia en el espacio público de los intelectuales cristianos. Sería muy torpe no sumar a los recuentos a don José María Pérez Chaves. Pocas voces han logrado conjugar con tanta naturalidad la profundidad teológica, la sensibilidad artística y la capacidad pedagógica. Ha encontrado en el cine y en la literatura un cauce privilegiado para la transmisión de la fe y la reflexión sobre el ser humano. Su libro *100 películas cristianas* es una obra de referencia para quienes desean descubrir el potencial evangelizador del séptimo arte.

Verdad que no se mete en la melé de la actualidad política, pero tampoco se desentiende de las inquietudes de su tiempo. Sabe, con intuición más que gramsciana, que el cine y la literatura alimentan como nada el espíritu de las gentes de hoy. Y destaca siempre lo de valioso y cristiano que ya late en mucha de la producción artística. Da a sus trabajos un tono celebratorio que nos hace mucha falta en este tiempo hostil, propicio a la gresca. El aplauso con criterio conviene, además, al talante cristiano y a su ministerio. Su sotana no se mancha con el polvo de los caminos, aunque bien que los anda y aún los allana.

Con la misma claridad expositiva, perspicacia crítica y fidelidad a la doctrina cristiana, emprende en este libro el análisis de la obra de C. S. Lewis y, especialmente, de *Las crónicas de Narnia*. La elección de autor y tema resulta especialmente afortunada por un buen puñado de motivos.

En primer lugar, *Las crónicas de Narnia* gozan de un gran favor del público más juvenil, que las convierten en una magnífica oportunidad de llegar a una audiencia amplísima, y multiplicada gracias a otra de las pasiones del padre Pérez Chaves: el cine. Y que, sin embargo, ignora muy buena parte de la profundidad y la coherencia de su mensaje. Para alguien que quiere ser un testigo de la verdad, el estudio de las siete novelas juveniles es una oportunidad de oro.

No acaba en lo pastoral el acierto de la elección. C. S. Lewis dejó esta maravillosa advertencia en la dedicatoria a su ahijada Lucy Barfield del primer libro de la serie, *El león, la bruja y el armario* (1950): «Algún día serás lo suficientemente vieja como para empezar a leer cuentos de hadas de nuevo». De Narnia puede decirse algo similar a lo que Cervantes advirtió de su inmortal novela: «Los niños la manosean, los mozos la leen, los hombres la entienden y los viejos la celebran». Las siete novelas que componen la serie *lewisiana* tienen tan hondas referencias y tantas iridiscencias para todas las edades que es bueno que un crítico avezado nos guíe por el laberinto de los mundos superpuestos y los tiempos entrecruzados.

La obra de C. S. Lewis conoce algunas otras dificultades de aprehensión completa. Los comentarios críticos algo malhumorados de J. R. R. Tolkien no ayudaron a los libros de su amigo. El autor de *El señor de los anillos* incidió mucho en el peso de la alegoría en las novelas de C. S. Lewis, lo que es cierto, dejando caer, además, que eso era un demérito, lo que no es verdad. La nobleza del talante de Lewis se atisba en el hecho de que no entrase a polemizar con su querido amigo, pero nosotros, como lectores de ambos, debemos relativizar esas críticas. Este libro de Pérez Chaves hace una labor ejemplar. Por su propia esencia, la alegoría fuerza al lector a emprender un camino de ida y vuelta. La alegoría tiende un puente entre la imaginación y la realidad. La primera deja de ser escapista, para ser un reflejo y un regreso, y la segunda deja de ser obvia y opaca.

En este sentido, la inolvidable profesora Irene Vázquez (1973-2013) hablaba de un encuentro reversible de la imaginación con la realidad, usando la palabra «reversible» en el sentido técnico que le da el filósofo López Quintás, pero que a nosotros nos pone sobre la pista de esa inquietud esencial de Lewis por vivir de camino, siempre de ida y vuelta. No olvidemos que el primer libro de ficción en prosa publicado por C. S. Lewis se llama *El regreso del peregrino* (1933), significativamente. La alegoría pasa a convertirse, de recurso retórico, en una manera muy ajustada de cumplir con una vocación o querencia a seguir siempre avanzando, yendo más allá.

Todavía hay más dificultades de aprehensión, de las que quizá el gran público no es del todo consciente, pero que piden un análisis documentado y preclaro. Piénsese en el desorden de publicación con respecto al orden interno de la historia. El autor de este estudio reordena la lectura y nos da las claves para que no perdamos nada ni de la línea cronológica interna ni tampoco de los saltos en la línea del tiempo que ofrece el orden de publicación, que también aporta matices.

También hay dimensiones eruditas que un lector maduro que aspira a extraer todo el mensaje de *Las crónicas de Narnia* ha de conocer. La contribución de don José María en este sentido es impagable. Estudia la relación de cada entrega con los planetas del cielo medieval y sus implicaciones temáticas y simbólicas. En este alzar la mirada al firmamento, hay un parentesco de visión con Dante Alighieri.

Por antepenúltimo, para entender bien la obra de C. S. Lewis es imprescindible conocer los entresijos de su biografía y los vasos comunicantes entre su historia y sus historias. La exposición de Pérez Chaves es exhaustiva y fascinante. Los trazos de su infancia que quedan en Narnia son esenciales para explicarnos la indudable vivacidad de la obra que contrarresta con la supuesta frialdad alegórica. En el origen del protagonismo de los animales parlantes están muchas de las lecturas más entrañables del Lewis niño, pero también un recuerdo, casi reliquia, del momento exacto de su conversión, que tuvo lugar –como era de esperar– en movimiento y a toda velocidad. En un paseo en moto, vio que Cristo era el Salvador: «A San Pablo le golpeó un rayo mientras cabalgaba rumbo a Damasco. A mí me asaltó un pensamiento en el sidecar de mi hermano, camino del zoológico». A resultas de lo cual, Narnia tiene, dicho sea al vuelo, un aire a zoológico mitológico con sus faunos, dríades, centauros, unicornios, sirenas y minotauros.

Pérez Chaves nos despejará uno a uno los caminos de ida y vuelta de la biografía a la bibliografía. Por ejemplo, hay que saber que Lewis había crecido en un ambiente marcado por el conflicto religioso entre protestantes y católicos, experiencia que influyó profundamente en su visión de la fe y tanto en su posterior apertura al diálogo ecuménico como en su rechazo a una conversión final al catolicismo. Del mismo modo influyó el carisma de peregrino de Lewis, que siempre quiso estar viajando, desde su infancia, cuando cruzaba seis veces al año el mar de Irlanda. Se refleja en su gusto por cruzar armarios, hacer travesías, atravesar estaciones. Entrar en la Iglesia católica habría supuesto asentarse en una Casa definitiva. En *Mientras no tengamos rostro* (1956), que Lewis consideraba su mejor obra, Psique se explica: «Y de tanta belleza, precisamente, me venía el anhelo, sí, siempre el anhelo. Más allá, en alguna parte, tiene que haber más belleza aún». Esa ansia de Psique era autobiográfica de Lewis. En *Sorprendido por la alegría* la describe como el más deseable de los estados: «Me encontré en el mismo instante fuera de aquel deseo y deseando volver a él. [...] la historia de mi vida no se centra en nada más [...] es la del deseo insatisfecho, que es en sí mismo más deseable que cualquier otra satisfacción».

Por tanto, tampoco quiso, con una admirable coherencia, que sus lectores se instalasen en su obra. Para Lewis, la verdadera potencia de la literatura radica en su capacidad de transformar al lector, despertando en él el deseo de verdad, de belleza y de eternidad, que tendrá que perseguir por su cuenta y riesgo. En su correspondencia con los jóvenes lectores, si le suplicaban que escribiese más entregas de la serie, les replicaba que las hicieran ellos. Es fácil detectar en esa respuesta un vivo interés por que *Las crónicas* se continuasen en el alma de los niños. Las historias habían saltado de su vida de autor al mito y debían, nuevamente, saltar a la vida de los lectores, en un triple salto moral. Es la penúltima complejidad, que en las líneas de este libro se deshace.

¿Y la última? *La última batalla*, la entrega final de la heptalogía de *Las crónicas de Narnia* da la clave de la obra completa de C. S. Lewis y hasta del sentido de su vida. No es la clave final, porque no hay final: «Pero para ellos, fue solo el comienzo de la verdadera historia. Toda su vida en este mundo y todas sus aventuras en Narnia solo habían sido la portada y la primera página». Nuestro autor no se resignaba a escribir una página «final» ni siquiera tras siete novelas. La expresión «¡Subamos más!» («*Come further up, come further in!*» en el original inglés) y sin miedo, se repite allí como invitación a adentrarse y ascender siempre más, incluso en el Reino definitivo.

Este libro recoge esa invitación y ese espíritu. Se erige como una herramienta deliciosa para subir más y más adentro de una obra tan abierta como compleja. De la mano de don José María Pérez Chaves atravesaremos —sin miedo, deslumbrados— el universo *narniano*. La cosmovisión cristiana que lo sustenta ya sabemos cómo acaba, cómo no acaba.

Enrique García-Máiquez

Preámbulo

Todavía recuerdo mi primer encuentro con C. S. Lewis. Ocurrió en 2004, el mismo año que ingresé en el seminario. A la sazón, no tenía ningún libro para leer esa noche, por lo que rogué a un amigo que me prestase cualquiera que él considerase oportuno, con la única condición de que no fuese «materia de estudio», pues pretendía aligerar la carga académica que ya pesaba sobre mí. El elegido por mi amigo fue *El león, la bruja y el armario*. Para mi vergüenza, debo reconocer que lo consideraba una broma, porque, aunque mi propósito fuera entretenerme, no estaba dispuesto a volver a la literatura infantil. Pero él insistió: «Te gustará», me dijo. Y acertó.

Así que allí estaba yo, devorando aquel libro en mi habitación, que, por ser abuhardillada y con un solo ventanuco como único punto de luz —en realidad había una lámpara eléctrica (¡solo faltaba!), pero quien no haya agarrado un texto de fantasía para leerlo en penumbras, no sabe lo que se pierde—, mejor me introducía en el mundo de Narnia. Además, recuerdo nítidamente que aquella noche, acercándome ya al final del relato, llovía a cántaros, por lo que el sonido del agua golpeando el cristal y el ululato del viento susurrando por los intersticios de la madera lograban una atmósfera de la que aún no me he olvidado (de hecho, le confieso al lector que, cuando repaso *El león, la bruja y el armario*, me viene a la mente toda aquella escena). Después de este tomo, por supuesto, llegaron los otros seis, que también engullí con fruición y que me fueron introduciendo cada vez más en aquel fascinante universo imaginativo.

Por todo ello, cuando llegó a la gran pantalla la primera adaptación de la saga, *El león, la bruja y el armario* (Andrew Adamson, 2005), me dirigí a todo correr al cine para verla, pues estaba dispuesto a revivir aquella experiencia literaria que me había conmocionado tan solo un año antes. Afortunadamente, la cinta cumplió la expectativa que había arrojado sobre ella, porque recuperaba todo el espíritu de la novela, aunque se tome las licencias que cualquier versión cinematográfica se debe tomar. Lo mismo quiero decir de sus secuelas, *El príncipe Caspian* (Andrew Adamson, 2008) y *La travesía del viajero del alba* (Michael Apted, 2010), que sigo viendo de vez en cuando, ya que, en mi opinión, supieron mantener la esencia original de los textos.

Pero justo aquí viene el quid, porque al finalizar la última película de la trilogía, me apresuré a cotejar las críticas que había merecido, y descubrí para mi asombro que muy pocas aludían a su enjundia cristiana: se centraban en los valores tradicionales de la superación personal, la valentía y etcétera, mas nada decían acerca de la realidad subyacente. «Vamos a ver —me pregunté—, ¿no es *esa* precisamente la trama del filme?». Pues no parecía que estuviera tan claro. Es más, cuando comenté con algunos amigos esto mismo, me espetaron que ellos tampoco entendían por qué me obstinaba en ver la cinta a través del prisma cristiano. Por tanto, había algo que fallaba: no creo que fuera la película en sí ni los libros —que por aquel entonces (y supongo que ahora tampoco), ninguno de mis interlocutores había leído—, sino la falta de información, imaginación y cultura religiosa.

Este es el motivo por el que resolví pergeñar el libro que el lector tiene entre las manos. La última adaptación cinematográfica de *Las crónicas de Narnia* data de 2010, así que figúrese desde cuándo llevo dándole vueltas al asunto. No fue hasta hace poco, empero, cuando me senté frente a la hoja en blanco y comencé a escribir (aguijoneado, debo admitir, por el anuncio de una nueva versión de la saga por parte de Netflix, cuyo aciago historial me hace temer un estropicio de órdago). En mis primeros apuntes, solo detecto notas referentes a la trilogía fílmica sobre Narnia y algún que otro tachón en el que me indico a mí mismo que debo hacer más alusiones a los libros en los que se inspira; más adelante, encuentro otras observaciones en las que, habiendo comparado ya las películas con las novelas, me animo a profundizar en el resto de la saga literaria, y, por último, algún pósit donde me recuerdo que debo hacer un estudio preliminar de C. S. Lewis.

A mi parecer, esta última empresa es la más importante de todas. Es verdad que, en *La experiencia de leer* (1961), nuestro escritor advierte sobre el peligro que entraña adentrarse en la biografía de un autor para conocer el trasfondo de su obra, porque el lector corre el riesgo de obsesionarse con las intenciones del creador en lugar de dejarse transformar por su creación. Sin embargo, toda la literatura de Lewis está tan entreverada de sus propias vivencias que la una requiere del apoyo de las otras y, por tanto, sería imposible sufrir esa metamorfosis a través de sus escritos, si ignorásemos voluntariamente los datos biográficos sobre los que se sustentan: por ejemplo, sus experiencias religiosas aparecen una y otra vez en *Las crónicas de Narnia*, así que soslayar la naturaleza de tales experiencias supondría un vacío considerable en el intelecto del lector (de hecho, Lewis mismo se percató de esa necesidad por dar a conocer sus entresijos vivenciales a fin de mudar el alma de sus lectores, porque, en una de sus primeras novelas, se duele precisamente de no haber sido tan claro a la hora plasmarlas sobre el papel, ya que no surtieron el efecto que él deseaba)[1].

Con este propósito, pues, me decidí a estudiar a fondo las memorias de C. S. Lewis: *Cautivado por la alegría* (1955). En ellas, el escritor asegura, no obstante, que no se trata de un diario al uso —donde la relevancia de los lugares y las fechas es prioritaria—, sino de un testamento espiritual[2]. Y este es, justamente, el mayor problema con el que me he topado: por supuesto que en el libro podemos encontrar muchos datos biográficos de nuestro autor, pero en ocasiones están tan deslavazados que resulta difícil ubicarlos en el tiempo y en el espacio; es más, incluso algunas de sus experiencias religiosas —recordemos que en el esclarecimiento de estas consiste la verdadera intención del libro— resultan incomprensibles y oscuras, si desconocemos el contexto en el que fueron vividas. Por este motivo, he recurrido a otros estudios que me han servido de utilísima falsilla. Aunque son

---

1 «Si hubiera tenido alguna noción de mi propio aislamiento [...], me habría esforzado por describirlo con mayor consideración hacia las dificultades del lector» (C.S. LEWIS, *Nota a la tercera edición en inglés*, en *El regreso del peregrino*, Editorial Planeta, Barcelona 2008, 309).

2 *Cf.* C.S. LEWIS, *Cautivado por la alegría*, Ediciones Encuentro, Madrid 2008[3], 9.

varios, me gustaría destacar dos: *C. S. Lewis. Su biografía* (Alister McGrath, Ediciones Rialp, Madrid 2014), que es quizás el mejor —por no decir, el único— texto en español sobre el particular, y *Jack. A life of C. S. Lewis* (George Sayer, Crossway, Wheaton IL 1988). Esta última está revestida de particular interés, porque fue escrita por su alumno y amigo, así que nos reporta sustanciosos apuntes que no han sido recogidos por ningún otro biógrafo.

Pero, evidentemente, estos no son los únicos textos de los que me he valido para elaborar el presente estudio, porque C. S. Lewis fue un autor muy prolífico no solo en obras de ficción y ensayos, sino también en el género epistolario. Así es, gracias a Walter Hooper (1931-2020), que fue su secretario y ulterior albacea, contamos con todas las cartas que, desde su infancia hasta su vejez, dirigió a sus familiares, amigos, admiradores y etcétera: todas ellas fueron recogidas por Hooper en tres extensos volúmenes que, por desgracia, no han sido traducidos a nuestro idioma y que, para más inri, están ya descatalogados. Por este motivo, ha supuesto toda una aventura localizarlos y adquirirlos, a fin de profundizar en la vida y el pensamiento del escritor.

El término *aventura* describe la elaboración de este estudio mucho más de lo que el lector se pueda imaginar, puesto que me atreví también a viajar a Irlanda del Norte con mis hermanos para visitar la casa donde vivió C. S. Lewis y el parque aledaño que hoy lleva su nombre; además, observé desde la distancia el trasiego de los barcos en la ría de Belfast, como hacía él; subí a las montañas que él escaló y contemplé desde allí los paisajes que él contempló, y anduve por las veredas campestres que él recorrió cuando iba de excursión con su familia. Y ya que estaba allí, fui a la mítica Calzada del Gigante para comprender por qué fascinaba tanto a nuestro autor, e incluso me asomé a los acantilados de Moher, que también sobrecogían su corazón. Aún tengo pendiente conocer su residencia en Oxford, rezar delante de su tumba y tomarme, al fin, una pinta en su honor en el *pub* The Eagle and Child. Pero todo llegará.

Sea como fuere, ha sido una oportunidad de oro que volvería a afrontar sin ningún problema, pues resulta maravilloso dedicar todo ese tiempo a una sola persona con el objeto de conocerla y hablar sobre ella; más aún, me ha ayudado a comprender mejor la época en la que vivió nuestro escritor y las amistades de las que se rodeó, como J.R.R. Tolkien, que jugará aquí un papel fundamental (debo decir que también le he dedicado muchísimo tiempo al autor de *El señor de los anillos* con la intención de escribir un libro sobre él, pero que he desistido al descubrir que, a diferencia de Lewis, ya cuenta con muchos estudios en español). Visto desde fuera, se puede decir que es un afán estomagante, y quizás sea cierto; pero, cuando una tarea apasiona, cualquier impedimento se convierte en acicate. ¿No dice, y con razón, nuestro refranero español: «Carga que con gusto se lleva, no pesa»? Pues así digo yo. Espero, por tanto, que el lector disfrute leyendo de este estudio tanto como yo he disfrutado escribiéndolo; al fin y al cabo, todo libro es una puerta abierta a otro mundo, y en estas páginas le invito a cruzarla conmigo para descubrir a C. S. Lewis y Narnia como nunca antes lo ha hecho[3].

3 Para las referencias a *Las crónicas de Narnia*, me he servido del tomo único *Las crónicas de Narnia. Obra completa* (Editorial Planeta, Barcelona 2006). Por este motivo, no coinciden los números de las páginas con las de los volúmenes publicados de manera individual por la misma editora.

El libro cuenta con unas estupendas ilustraciones que homenajean los dibujos originales de las primeras ediciones de *Las crónicas de Narnia.*

I

C. S. LEWIS

Nacimiento y primeros años (1898-1905)

C.S. Lewis comienza sus memorias de la siguiente manera: «Nací en Belfast durante el invierno de 1898, hijo de un notario y de la hija de un pastor protestante. Mis padres solo tuvieron dos hijos, ambos varones, de los cuales yo era el más pequeño, con unos tres años de diferencia»[4]. A pesar de ser parco en palabras, en este exordio encontramos el germen de toda su biografía. No en balde, en otro apartado de su escrito, Lewis especificará que la niñez es la etapa más importante en la vida de una persona[5]. Por esta razón, nosotros dividiremos nuestro capítulo en tres secciones, correspondientes a los tres factores que más le influyeron durante su infancia y que él mismo nos ha destacado: Belfast, sus padres y su hermano.

1. Belfast

Clive Staples Lewis vino al mundo un 29 de noviembre de 1898 en Belfast, Irlanda del Norte[6]. Por aquel entonces, la ciudad estaba sumida en un intrincado caos de orden político y religioso, que tenía como eje fundamental los enfrentamientos continuos entre la población protestante y la población católica. Nuestro

---

4 C.S. LEWIS, *Cautivado por la alegría*, Ediciones Encuentro, Madrid 2008³, 11.

5 *Cf.* Ibid., 10.

6 Para hablar con propiedad, Irlanda del Norte no existía en aquella época, porque su escisión política respecto de la isla tendría lugar en 1921; sin embargo, y en orden a una mejor comprensión de los acontecimientos que aquí trataremos, hablaremos del país como si, en efecto, ya fuera una nación independiente.

autor fue testigo presencial (y víctima tangencial) de esta lamentable situación.

El origen de este conflicto se remonta al siglo XVII, cuando la Corona británica, a fin de someter la isla de Irlanda al protestantismo, llevó a cabo un proyecto que la historiografía actual ha convenido en denominar «plantación del Úlster»[7]. En efecto, mediante la *siembra* de núcleos protestantes en el Úlster —principalmente compuestos por anglicanos acérrimos y escoceses presbiterianos—, Inglaterra pretendía que estos echasen raíces allí, germinasen, se propagasen por el resto del país y, al fin, expulsaran la mala hierba, esto es, a la población católica autóctona. Como era de esperar, esto generó una fractura social tan acusada que polarizó a ambos grupos hasta el extremo: de este modo, mientras los protestantes apoyaban la anexión plena del país a Inglaterra, los católicos luchaban por su autonomía irlandesa o incluso la independencia total; y unos y otros, por supuesto, enarbolaban sus credos respectivos como señas de identidad y armas arrojadizas.

Esta situación, según hemos indicado, continuaba vigente en el siglo XIX y se manifestaba, por tanto, en todos los ámbitos de la vida cotidiana. Las familias, las parroquias y los colegios estaban organizados según la filiación religiosa, reforzando aún más la división. Warren Lewis, hermano mayor de C.S. Lewis, recordaba que la asistencia a la iglesia tenía más un carácter

7 *Cf.* J. BARDON, *The plantation of Ulster*, Gill & Macmillan, Dublín 2011. Recordemos que el Úlster es una de las cuatro provincias históricas que componen la isla de Irlanda y cuyo territorio conforma, básicamente, la actual nación de Irlanda del Norte.

meramente político: «Íbamos a la iglesia con regularidad en nuestra juventud, pero incluso entonces parecía que lo hacíamos más como una cuestión política que religiosa: la reafirmación semanal del hecho de no ser unos nacionalistas católicos»[8]. Hasta en el entorno escolar, insistimos, los prejuicios estaban profundamente arraigados: en su citada biografía, por ejemplo, Warren menciona la existencia de un juego infantil denominado «protestantes y católicos», una versión del clásico «policías y ladrones», donde los niños protestantes debían capturar o ejecutar a los niños católicos, reflejando así la hostilidad que se respiraba en el Úlster[9].

C.S. Lewis, pues, creció inmerso en este clima de sectarismo religioso, lo que influyó en su visión de la fe a lo largo de su vida: de este modo, si nos atenemos nuevamente al testimonio de Warren, en el juego de protestantes y católicos, Lewis siempre escogía el bando de los primeros..., porque abominaba del bando católico (*sic*). Aunque con el tiempo morigeró su postura y mostró una actitud más abierta hacia el catolicismo, siempre conservó cierto recelo hacia la Iglesia de Roma[10]. Esta influencia es perceptible, aunque de forma velada, en

8 *Cf.* J. PEARCE, *C.S. Lewis y la Iglesia católica*, Ediciones Palabra, Madrid 2013, 54.

9 *Cf.* ibid.

10 «Cuando fue preguntado por qué no se convertía al catolicismo, respondió: "Hay dos motivos por los que nunca aceptaré el catolicismo: la importancia que le otorgáis a la Virgen María y la doctrina de la infalibilidad del papa". Pero se negó a profundizar en ello. Atribuyó sus prejuicios contra la Iglesia romana a su educación en Irlanda del Norte» (G. SAYER, *Jack. A life of C.S. Lewis*, Crossway, Wheaton IL 1994, 421) [trad.].

Las crónicas de Narnia: así, el liderazgo de los narnianos fieles recae sobre el rey Caspian, una figura eminentemente secular, en vez de hacerlo sobre Peter, que funge como trasunto de san Pedro.

Pero este arraigado anglicanismo de Lewis no solo era resultado del ambiente social de Belfast, sino también de su educación familiar. Cada domingo, como hemos señalado, asistía con su familia al servicio religioso de la iglesia de San Marcos de Dundela, cuyo rector era su propio abuelo, Thomas Hamilton (1826-1905): desde el púlpito, este predicaba vehementemente contra los católicos, a quienes tildaba de «súbditos del anticristo», e identificaba al papa, por ende, con el anticristo mismo[11]. Estas ideas estaban tan extendidas en el Úlster de entonces que incluso la familia Lewis experimentó en su propia casa muestras de esa hostilidad. Así es, ellos contaban a la sazón con los servicios de una criada *papista*, por lo que muchas veces aparecían pintadas en su vivienda con imprecaciones como esta: «Idos con vuestra papista al infierno»[12]; y la niñera de Warren y Clive Lewis, que era presbiteriana, se encargaba de inculcarles diariamente a estos consignas antirromanas[13].

Estas experiencias juveniles marcaron profundamente a Lewis y moldearon su relación con el cristianismo. Si bien con los años evolucionó hacia una visión

---

11 *Cf.* J. PEARCE, *C.S. Lewis y la Iglesia católica*, 49.

12 *Cf.* G. SAYER, Jack. A Life of C.S. Lewis, Crossway, Wheaton IL 1998, 35.

13 «Cuando enseñó acicalarse al joven Lewis, su *nanny* protestante acostumbraba a llamar al instrumental usado *wee popes*, es decir, "pequeños papas"» (A. MCGRATH, *C.S. Lewis. Su biografía*, Ediciones Rialp, Madrid 2014, 23).

más ecuménica, el peso de su infancia en una Belfast dividida nunca lo abandonó del todo, como demuestra su concepción de la autoridad religiosa y política en sus obras. En español contamos con un refrán que puede resumir esta sempiterna influencia: «Lo que se mama en la cuna, se derrama en la sepultura».

2. Albert y Flora

Los padres de C.S. Lewis se llamaban Albert James Lewis (1863-1929) y Florence Augusta Hamilton (1862-1908), pero preferían ser conocidos como Albert y Flora. Albert era un notario de gran prestigio en Belfast, aplaudido por su diligencia y por su generosidad con los clientes más necesitados, a quienes a menudo atendía de manera gratuita. Su labor lo llevó a trabajar con diversas instituciones, como el Ayuntamiento de Belfast, la Empresa Nacional del Ferrocarril y los famosos astilleros de la ciudad. También estuvo vinculado a la Oficina de Correos, el Ministerio de Empleo y la Sociedad Nacional para la Prevención contra el Maltrato Infantil. Además, su oratoria le permitió colaborar con el Partido Conservador, pronunciando discursos que, según su hijo, habrían podido llevarlo a la carrera política de haber tenido los contactos adecuados[14].

Más allá de su trabajo, Albert era un apasionado letraherido. Sus lecturas favoritas incluían las novelas políticas de Anthony Trollope, la poesía retórica y patética, y los escritores humorísticos como Charles Dickens y W.W. Jacobs. Además, según Lewis, su padre era un excelente *raconteur*, es decir, un narrador talentoso, lo

---

14 *Cf.* C.S. LEWIS, *Cautivado por la alegría*, 12.

que sugiere que también se dedicaba a escribir historias y poemas, compartiéndolos con su familia. Aunque Lewis apenas menciona estas creaciones, otros estudiosos, como George Sayer, han identificado manuscritos que combinan acción, política, humor e intriga, lo que manifiesta la herencia literaria que su hijo recibiría de él[15].

Por su parte, Flora provenía de una distinguida familia clerical. Su padre, el consabido Thomas Hamilton, fue un renombrado pastor de la Iglesia de Irlanda, y su abuelo, Hugh Hamilton, incluso llegó a ser obispo[16]. Sin embargo, lejos de limitarse a la influencia de su linaje, Flora destacó por méritos propios: no solo fue una de las primeras jóvenes en acceder al acreditadísimo Queen's College de Belfast, sino que también obtuvo las máximas calificaciones en Lógica y Matemáticas, un galardón que hasta entonces no había sido logrado por ningún estudiante, ni hombre ni mujer[17].

A pesar de sus ascendentes religiosos, Flora no mostró interés por la vida eclesiástica ni por los matrimonios concertados que su padre intentó arreglarle: ella deseaba independizarse cuanto antes y dedicar sus días a la docencia, a pesar de que en su época no estuviera bien visto que una mujer ejerciera como profesora[18]. Su

15 *Cf.* G. SAYER, *Jack*, 26.

16 La Iglesia de Irlanda pertenece a la Comunión Anglicana, pero goza de cierta independencia dentro de ella: de este modo, por ejemplo, no está sometida a la Corona británica y su doctrina es más cercana al puritanismo que al protestantismo clásico.

17 *Cf.* A. MCGRATH, *C.S. Lewis. Su biografía*, 26.

18 «Las mujeres que se dedicaban a la enseñanza eran motejadas con el apelativo desdeñoso *bluestocking*» (G. SAYER, *Jack*, 30) [trad.].

determinación, por tanto, la llevó a estudiar latín y francés, las lenguas cultas del momento, y también a cultivar su afición por la literatura. Y es que, como Albert, Flora escribió numerosos cuentos, aunque ninguno ha llegado hasta nosotros.

De los dos, Lewis siempre sintió predilección por su madre, incluso le adjudicaría en exclusiva esa pasión por las letras, arrinconando la importancia que también había ejercido su padre sobre él. Quizás debamos atribuir ese favoritismo a la imagen idealizada que, de niño, se había forjado de ella. Ciertamente, a nuestro escritor le gustaba alardear del pretendido linaje de Flora: un caballero normando cuyos restos descansaban en la abadía de Battle, en East Sussex[19]. Este dato, en efecto, fascinaba hasta tal punto a Lewis que desarrolló un profundo interés por la Edad Media, influencia claramente perceptible en *Las crónicas de Narnia*.

3. Warnie

Warren Hamilton Lewis, conocido como Warnie, fue una de las personas más influyentes en la vida de C.S. Lewis. A pesar de ser tres años mayor que él, ambos compartieron muchas aficiones y experiencias. No es extraño, pues, que nuestro escritor dijera de él que, más que su hermano mayor, era su mejor amigo[20]. El propio Warnie participaba de esa opinión: «Es verdad que me quedan pocas imágenes detalladas de aquellos años, pero sí sé que, en ese tiempo, y antes de trasladarnos a la Casa Nueva (primavera de 1905), ambos enlazamos una

19 *Cf.* C.S. LEWIS, *Cautivado por la alegría*, 11.

20 *Cf.* Ibid., 13.

estrecha amistad, que se convirtió en la mayor felicidad de mi vida y que duró ininterrumpidamente hasta el día de su muerte, cincuenta y ocho años después»[21].

La figura de Warnie es muy importante en los primeros años de vida de C.S. Lewis, porque le ayudó a formar su prolija imaginación y a sentir el prurito de la escritura. Respecto a lo primero, debemos señalar que ambos leían asiduamente cuentos de hadas, a los que otorgaban un grado de veracidad insólito[22]; en cuanto a lo segundo, todas esas lecturas devinieron en la creación de un mundo imaginario. Así es, juntos dieron vida a Boxen, un lugar donde los humanos y los animales parlantes convivían alegremente y afrontaban multitud de aventuras: «Mediante aquellas historietas, intentaba combinar mis dos placeres literarios principales: los "animales vestidos" y los caballeros armados. El resultado fue que escribí sobre ratones y conejos caballerescos que, con sus cotas de malla, cabalgaban para matar gatos en vez de gigantes»[23]. Por tanto, ¿no podemos identificar aquí la simiente de *Las crónicas de Narnia*?

Otro detalle que conecta la infancia de Lewis y Warnie con la saga narniana tiene que ver con su niñera. Cada noche, ella les contaba historias sobre los *leprechauns*, célebres duendes irlandeses que esconden sus tesoros al final del arcoíris. Los niños creían tanto en

21 W.H. LEWIS, *Memoir of C.S. Lewis*, en *Letters of C.S. Lewis*, Harper Collins, Londres 2002, 15 [trad.].

22 «Me imaginaba a los enanos con tal intensidad que llegué a las mismas fronteras de la alucinación: una vez, paseando por el jardín, por un momento no estuve seguro de que un hombrecillo no hubiera pasado a mi lado para desaparecer entre los arbustos» (C.S. LEWIS, *Cautivado por la alegría*, 50).

23 C.S. LEWIS, *Cautivado por la alegría*, 18.

estos relatos que, cierto día, convencidos de haber hallado el lugar exacto donde estaba enterrado uno de aquellos cofres, cavaron un hoyo en el jardín. Por desgracia, Albert, que siempre había desaprobado que la niñera llenara la imaginación de sus hijos con tales fantasías, cayó en el agujero: su enfado fue tan grande que estuvo a punto de despedir a la mujer, aunque finalmente se contuvo[24]. Sin duda, esta anécdota recuerda un episodio de *El príncipe Caspian*, donde el aya del protagonista le cuenta historias *fantásticas* que disgustan profundamente al rey[25].

Antes de pasar al siguiente capítulo, sepamos que a nuestro escritor no le gustaba su nombre: él prefería ser conocido como Jack. Mucho se ha especulado acerca de esta resolución, porque nadie en su familia o en su entorno más cercano se llamaba así; sin embargo, ningún biógrafo ha sido capaz de resolver el enigma, ni siquiera su propio hermano, que fue el primer sorprendido[26]. En cualquier caso, como él quería ser llamado Jack, nosotros respetaremos su deseo y lo llamaremos de ese modo.

---

24 *Cf.* G. SAYER, *Jack*, 43.

25 *Cf.* C.S. LEWIS, *El príncipe Caspian*, en *Las crónicas de Narnia. Obra completa*, Editorial Planeta, Barcelona 2006, 228.

26 *Cf.* W.H. LEWIS, *Memoir of C.S. Lewis*, en C.S. LEWIS, *Letters of C.S. Lewis*, 16.

La Casa Nueva (1905-1908)

A principios de 1905, la familia Lewis mejoró su nivel adquisitivo, por lo que Albert decidió comprar un terreno a las afueras de Belfast y erigir en él una nueva casa: Little Lea. Según nos revela Jack en sus memorias, el resultado final no fue el esperado, porque la edificación estaba llena de desperfectos[27]. Sin embargo, todos se avinieron de inmediato a ella, hasta el punto de que nuestro escritor dirá que se trata del elemento más importante de su biografía[28].

En efecto, como veremos a continuación, Jack identifica en la Casa Nueva tres factores que lo marcarían de por vida: el descubrimiento de la belleza, sus encuentros con la Alegría y, finalmente, la muerte de su madre. Según anunciamos en el capítulo anterior, las bases biográficas de Lewis se habían asentado en los primeros años de su infancia, por lo que en este comprobaremos cómo se fueron desenvolviendo para convertirlo, a la postre, en el escritor que hoy todos conocemos. Por supuesto que muchos de estos elementos vivenciales encontrarán su correspondencia en *Las crónicas de Narnia*, por lo que aquí procuraremos señalarlos oportunamente.

1. La belleza

Comencemos por la casa misma, que, a pesar de su astrosa apariencia, se convirtió en un campo de juegos

27 *Cf.* C.S. LEWIS, *Cautivado por la alegría*, Ediciones Encuentro, Madrid 2008[3], 16.

28 *Cf.* Ibid.

para los hermanos Lewis. En efecto, como por aquel entonces la ciudad de Belfast estaba siendo asolada por una epidemia de tifus, Albert y Flora les habían prohibido salir al jardín, sobre todo cuando llovía[29]. Por tanto, debido a que pasaban la mayor parte del tiempo encerrados, recorrían la Casa Nueva de forma continua, imaginándose aventureros en un país desconocido. Este recuerdo encuentra su eco en *El león, la bruja y el armario*, donde los hermanos Pevensie también investigan la mansión Ketterley como si fueran exploradores; si a ello sumamos que lo hacen en un día de lluvia, cuando tenían prohibido salir al jardín[30], encontramos una evocación clara de la niñez de Jack y Warnie en Little Lea.

Pero hay más, porque Albert había convertido la Casa Nueva en un almacén de libros, ya que no se desprendía de ningún volumen que hubiera caído en sus manos: «Había libros en el despacho, libros en el comedor, libros en el cuarto de baño, libros (en dos filas) en la gran estantería del rellano, libros en un dormitorio, libros apilados en columnas que llegaban a la altura de mi hombro en el recinto del depósito de agua del ático...»[31]. Como es lógico, la imagen de la inmensa biblioteca de su padre caló profundamente en Jack, tanto que la incluyó en *Las crónicas de Narnia*: «Era una habitación enorme con tres ventanales, y las paredes, cubiertas de libros desde el suelo hasta el techo; más libros de los que

---

29 *Cf.* G. SAYER, *Jack. A life of C.S. Lewis*, Crossway, Wheaton IL 1994, 39.

30 *Cf.* C.S. LEWIS, *El león, la bruja y el armario*, en *Las crónicas de Narnia. Obra completa*, Editorial Planeta, Barcelona 2006, 76.

31 C.S. LEWIS, *Cautivado por la alegría*, 16.

Lucy había visto nunca: libros diminutos, libros gordos (y no tan gordos) y libros más grandes que cualquier Biblia de iglesia que hayas visto jamás»[32]. Otro ejemplo nos es ofrecido por *El león, la bruja y el armario*, cuando Lucy se sorprende al ver la estantería llena de libros que tiene el entrañable fauno Tumnus[33].

Por otro lado, desde la ventana de su cuarto, Jack podía contemplar las «verdes colinas», en realidad, una serie de cerros bajos que rodean la ciudad de Belfast[34]. Según revela en su autobiografía, no obstante, se convirtieron para él en un símbolo de libertad: como debía pasar la mayor parte del tiempo confinado entre cuatro paredes, imaginaba que en aquel lugar idealizado podría vivir sin ataduras de ningún tipo; además, como se situaban al norte de la Casa Nueva, localizó su mundo imaginativo precisamente en ese punto cardinal. Por este motivo, en *El caballo y el muchacho*, leemos que Shasta, aun viviendo en el desierto, dirige ansiosas miradas al norte, donde se yerguen unas colinas verdes tras las cuales se encuentra Narnia[35].

Pero centrémonos ahora en la belleza exterior, aquella de la que podía disfrutar, cuando la lluvia no se lo impedía, en las inmediaciones de la Casa Nueva: en primer lugar, la montaña Negra, llamada así por su alta concentración de sílex; en segundo lugar, el monte Divis, donde se encuentra el pilar trigonométrico que

---

32 C. S. LEWIS, *La travesía del viajero del alba*, en *Las crónicas de Narnia. Obra completa*, 339.

33 *Cf.* C. S. LEWIS, *El león, la bruja y el armario*, en ibid., 79.

34 *Cf.* C. S. LEWIS, *Cautivado por la alegría*, 14.

35 *Cf.* C. S. LEWIS, *El caballo y el muchacho*, en *Las crónicas de Narnia. Obra completa*, 140.

ayudó a trazar el mapa político de Irlanda y, por último, la famosa colina de Cave (o Cave Hill), que inspiró a Jonathan Swift para escribir *Los viajes de Gulliver* (1726). En efecto, Swift, también norirlandés, al observar la silueta de esta colina, veía el perfil de un gigante dormido y lo imaginaba como el custodio de Belfast; si a ello añadimos que en ese tiempo vivía en la calle Lilliput, las piezas del rompecabezas encajarán perfectamente. Tal vez el propio Jack se inspiró en Cave Hill para crear el monte Pire, un macizo doble situado en la frontera entre Archenland y Calormen, que, según la leyenda, fue un gigante bicéfalo derrotado por el rey Olvin[36].

A veces, la familia Lewis realizaba excursiones a Ballynahatty, donde se encontraba el Anillo del Gigante, una estructura megalítica del tercer milenio antes de Cristo que disparaba la imaginación de Jack: ¿podemos encontrar aquí la inspiración para el Altozano de Aslan, que aparece en *El príncipe Caspian* como una ruina pétrea de más de un millar de años? Otras veces, viajaban a Bushmills, a unos cien kilómetros al norte de Belfast, donde se halla la mítica Calzada del Gigante, que, según la leyenda, fue construida por un titán. Esta historia también persiguió a nuestro escritor durante toda su vida[37], motivo por el que quiso plasmarla en *La silla de plata*: en esta novela, en efecto, aparecen unas ruinas

36 *Cf.* ibid., 160.

37 «Lo que difícilmente puedes sentir como yo es el valor de las palabras: por ejemplo, el término "calzada" me retrotrae a esos parajes de mi infancia en Irlanda; evoca la sensación de mis vacaciones antediluvianas y me devuelve siquiera por un instante a un mundo lejano» (C.S. LEWIS, *To Arthur Greeves. Magdalen College, Jan 30th 1930*, en *The collected*

ciclópeas que nos remiten inevitablemente a aquel escenario de su niñez[38].

Aunque quizás el mayor contacto con la belleza le vino a Lewis a través de su hermano. Este, ciertamente, le regaló en una ocasión un jardín de juguete que él mismo había fabricado sobre la tapadera de una caja de galletas: «La había cubierto con musgo y adornado con ramitas y flores [...]. Esa fue la primera cosa bella que vi»[39]. Jack dirá que su imagen del paraíso siempre le remitirá a aquel regalo de su hermano; por tanto, ¿no podemos encontrar aquí una sombra del árbol de caramelos que aparece en *El sobrino del mago*?

2. La Alegría

La Casa Nueva fue el escenario de una de las experiencias más fundamentales en la vida de Jack: sus encuentros con la Alegría. Este concepto —siempre escrito con mayúscula por Lewis— no debe confundirse con la simple felicidad o el gozo pasajero. Para él, la Alegría era un anhelo profundo y trascendente por algo que se hallaba más allá de este mundo, un destello de lo eterno que, paradójicamente, iba acompañado de una sensación de pérdida o de nostalgia. Se trataba de una añoranza inexplicable, una mezcla de dolor y deseo, como si su alma

letters of C.S. Lewis, vol. I, Harper Collins, Londres 2000, 876) [trad.].

38 *Cf.* C. S. LEWIS, *La silla de plata*, en *Las crónicas de Narnia. Obra completa*, 405.

39 C. S. LEWIS, *Cautivado por la alegría*, 14.

recordara un paraíso al que alguna vez perteneció y al que anhelaba regresar[40].

Según refiere el escritor, estos encuentros con la Alegría fueron tan decisivos en su vida que nadie que no los haya experimentado podrá comprender del todo su obra[41]. En *Las crónicas de Narnia*, este anhelo se manifiesta de diversas maneras: en el deseo de los personajes por regresar a Narnia, en la atracción por Aslan o en la búsqueda de las tierras allende el horizonte. Lucy, por ejemplo, siente una conexión especial con el Gran León; su tristeza al alejarse de él y su esperanza de volver a su lado reflejan ese anhelo paradójico que define la Alegría. Así pues, a través de sus personajes, nuestro autor transmite su propia experiencia de la Alegría, dejando entrever que este deseo es en realidad una pista, un destello del mundo divino que se encuentra más allá de nuestra comprensión.

En efecto, Lewis pensaba que, en última instancia, la Alegría era una señal que apuntaba a la realidad última de Dios. Para él, esta aspiración profunda no era un fin en sí mismo, sino una brújula espiritual que guiaba al alma hacia su verdadera patria, representada por el País del Gran León y la esperanzadora promesa final de Aslan: «El trimestre ha finalizado: empiezan

40 «Es algo inefable, cuyo deseo nos penetra como un estoque ante el olor de una fogata campestre o el parpar de los patos salvajes volando sobre nuestras cabezas; el título de *La fuente del fin del mundo* o los primeros versos de *Kubla Khan*; las telarañas matutinas al final del estío o el sonido de las olas al romper en la orilla» (C.S. LEWIS, *Nota a la tercera edición en inglés*, en *El regreso del peregrino*, Editorial Planeta, Barcelona 2008, 315).

41 *Cf.* C.S. LEWIS, *Cautivado por la alegría*, 22.

las vacaciones; el sueño ha terminado: ha llegado la mañana»[42]. De este modo, Narnia no es solo un lugar de aventuras fantásticas, sino también un espejo del deseo humano por el paraíso perdido, un eco de la búsqueda eterna de aquello que trasciende el tiempo y el espacio.

Pero vayamos ya a esos encuentros con la Alegría, que Jack experimentó hasta en tres ocasiones. El primero ocurrió al percibir el aroma de un grosellero florecido: de inmediato, recordó el día en que su hermano le había regalado aquel jardín de juguete; pero lo que realmente añoraba no era el objeto en sí, sino la sensación de asombro y maravilla que había despertado en él. La segunda experiencia le llegó a través de la lectura de *La ardilla Nogalina*, de Beatrix Potter, cuando una descripción del otoño le provocó una súbita nostalgia por esa estación concreta del año, como si escondiera un significado más profundo. El tercer encuentro, finalmente, le sobrevino al leer un poema del sueco Isaías Tegnér[43], que despertó en él una pasión indescriptible por la mitología nórdica. A partir de ese momento, el Norte se apuntaló en su magín como el lugar hacia donde debería encaminar sus pasos para encontrar ese lugar maravilloso que entrevió gracias a las «verdes colinas»[44].

---

42 C. S. LEWIS, *La última batalla*, en *Las crónicas de Narnia. Obra completa*, 523.

43 Isaías Tegnér (1782-1846) fue un obispo y poeta sueco cuya obra se caracteriza por la exaltación épica de la historia de su país. El poemario al que Lewis alude es *La saga del rey Olaf*, traducida al inglés en 1863 por Henry Wadsworth Longfellow (1807-1882).

44 No solo en *Las crónicas de Narnia* podemos detectar el Norte como sede de ese mundo onírico, sino en otros textos del autor; por ejemplo, en *El regreso del peregrino*, en el que su

Aunque Lewis nunca calificó explícitamente estas experiencias como místicas, sí las revestía de cierta sobrenaturalidad. En su biografía sobre el escritor, Alister McGrath las compara con las experiencias religiosas descritas por William James en *Las variedades de la experiencia religiosa* (1902)[45]. Según James, en efecto, estas vivencias comparten cuatro características esenciales: son inefables, porque no pueden explicarse con palabras; son iluminadoras, porque revelan una verdad más profunda; son transitorias, porque duran apenas unos instantes, y son incontrolables, porque no pueden ser provocadas voluntariamente por nadie. Así pues, si revisamos los encuentros de Lewis con la Alegría, veremos que encajan perfectamente en este patrón.

3. La muerte de Flora

«La ventura es paño de poca dura», dice un aforismo español. En el caso de Jack, esta máxima se cumplió de la manera más cruel. Su infancia, marcada por la dicha y la imaginación desbordante, se vio abruptamente truncada cuando el infortunio llamó a su puerta con la muerte de su madre.

Así es, el 23 de agosto de 1908, Flora falleció a causa del cáncer. Jack tenía solo nueve años, pero el recuerdo de aquellos días quedó grabado en su memoria con dolorosa nitidez: «Fue una noche en que estaba enfermo, llorando por el dolor de cabeza y de muelas, y

---

protagonista, en efecto, tras recibir la llamada de la Alegría, se encamina hacia dicho punto cardinal.

45 A. MCGRATH, *C.S. Lewis. Su biografía*, Ediciones Rialp, Madrid 2014, 38.

angustiado porque mi madre no venía. También estaba enferma, y lo más extraño era que en su habitación había varios médicos, y había voces e idas y venidas por toda la casa, y puertas que se abrían y se cerraban. Pareció durar horas. Y luego mi padre, deshecho en lágrimas, entró en mi habitación y empezó a intentar que mi aterrada mente entendiera cosas que no había concebido antes. Era cáncer, y siguió su curso habitual: una operación (por aquel entonces se operaba en la casa del paciente), una aparente convalecencia, una recaída, un dolor cada vez mayor... y la muerte»[46]. Jack quedó abatido.

Nuestro escritor compara esta luctuosa situación con el hundimiento de la Atlántida, porque, ciertamente, con su madre se había hundido todo lo que para él era estable y seguro[47]. Este trágico suceso quedará plasmado en *El sobrino del mago*, donde también el protagonista deberá contemplar a su madre enferma y al borde de la muerte. Incluso aparecerá de soslayo esa comparación de Lewis con el mítico continente, porque, no de manera fortuita, los anillos mágicos que los niños usan para teletransportarse a otros mundos han sido forjados con metal de la Atlántida[48].

Pero no solo Jack sufrió el envite emocional de la muerte de Flora, sino también, por supuesto, su hermano Warnie, y especialmente su padre Albert. Así es, el fallecimiento de su esposa sumergió a este en una honda tristeza de la que jamás emergió: «[Mi madre] Murió el día del cumpleaños de mi padre, el 23 de agosto. Había

46 C. S. LEWIS, *Cautivado por la alegría*, 22.

47 *Cf.* Ibid., 24.

48 *Cf.* C. S. LEWIS, *El sobrino del mago*, en *Las crónicas de Narnia. Obra completa*, 16.

un calendario de Shakespeare colgado en la habitación donde murió, y mi padre conservó el resto de su vida la hoja de ese día con su cita: "Los hombres deben soportar el irse de aquí"»[49]. Para más inri, Albert comenzó a tratar despóticamente a sus hijos, por lo que estos no tuvieron otro remedio que rehuirle y mentirle de continuo, a fin de evitar cualquier regañina injustificada. De este hecho, sin embargo, Jack extrae un beneficio: el afianzamiento de su amistad con Warnie[50].

Sin embargo, antes de que todo esto ocurriera, Jack había impetrado de Dios un milagro: que sanara a su madre. En sus memorias confiesa que su idea de lo divino era la de un genio que concedía deseos a voluntad, para luego desaparecer hasta que se le volviera a necesitar; por eso, cuando su plegaria no fue respondida, sintió que Dios lo había traicionado[51]. Así, este episodio marcó su primer paso hacia el ateísmo, postura que adoptaría con firmeza durante su adolescencia y que se reflejaría en sus primeros escritos. Afortunadamente, con el tiempo comprendería que los designios de Dios no siempre se ajustan a los de los hombres, por lo que terminaría aceptando lo sucedido.

Esta reconciliación también tendrá su eco en *El sobrino del mago*, donde leemos que Digory, aun haciendo todo lo posible para curar a su madre, no lo consigue. Aslan le explica el motivo: «Si la hubiese curado, no os habría producido felicidad ni a ti ni a ella; habría llegado un momento en el que, mirando hacia atrás,

---

49 W.H. LEWIS, *Memoir of C.S. Lewis*, en *Letters of C.S. Lewis*, Harper Collins, Londres 2002, 18 [trad.].

50 *Cf.* C.S. LEWIS, *Cautivado por la alegría*, 23.

51 *Cf.* Ibid., 24.

ambos habrías pensado que lo mejor habría sido morir en aquel instante»[52]. No obstante, al final del relato, el deseo del muchacho encuentra su cumplimiento, y con él, la vuelta de su padre, que estaba destacado en el extranjero y se había convertido para él en un extraño: sin duda, el anhelo que siempre acarició nuestro escritor.

52 C. S. LEWIS, *El sobrino del mago*, en *Las crónicas de Narnia. Obra completa*, 69.

Etapa escolar (1908-1916)

Tan solo unas semanas después del fallecimiento de Flora, Albert resolvió enviar a sus hijos a un internado inglés. A decir verdad, llevaba tiempo sopesando ese propósito, porque, al ser él un pilar fundamental de la comunidad protestante de Belfast, pensaba que los intereses de Jack y Warnie quedarían más protegidos si estudiaban en la cuna misma del anglicanismo[53]. Lo cierto es que no contaba con hacerlo tan pronto, pero la muerte de su esposa precipitó esta decisión, porque, sin ella, se sintió incapaz de proporcionarles un hogar adecuado[54].

En una misiva de 1962, C. S. Lewis revela que esta etapa fue con diferencia la más desdichada de su vida, porque no solo tuvo que abandonar su querida Irlanda del Norte, sino que también tuvo que encarar la penosa realidad de unos colegios horripilantes[55]. En ellos, como veremos, padeció la violencia de los profesores, el ataque de los abusones, el fin de su propia inocencia y, por último, la pérdida definitiva de la fe. No es extraño, pues, que muchos autores opinen que el escritor, en el fondo, escribió *Cautivado por la alegría* no para narrar su propia conversión, sino para exorcizar tales recuerdos[56].

---

53 *Cf.* A. MCGRATH, *C.S. Lewis. Su biografía*, Ediciones Rialp, Madrid 2014, 35.

54 *Cf.* G. SAYER, *Jack. A life of C.S. Lewis*, Crossway, Wheaton IL 1994, 53.

55 *Cf.* C.S. LEWIS, *To Francine Smithline. The Kilns, Headingtong Quarry, Oxford, 23 March 1962*, en *The collected letters of C.S. Lewis*, vol. III, Harper Collins, San Francisco CA 2007, 1325.

56 A. MCGRATH, *C.S. Lewis. Su biografía*, 43.

En cualquier caso, dividiremos nuestro capítulo en cuatro apartados: en los tres primeros, conoceremos cada uno de los internados ingleses a los que Jack asistió, y en el cuarto, su formación preuniversitaria, cuando finalmente descansó de los horrores sufridos en aquellos colegios. Ante todo, sepamos que, en su autobiografía, Lewis nunca menciona el nombre real de los internados, sino que los oculta bajo elocuentes pseudónimos que manifiestan el tipo de padecimiento que vivió en ellos: Belsen, Chartres y Wyvern. Por supuesto, también este período influirá en la creación de *Las crónicas de Narnia*, por lo que aquí daremos cuenta de ello.

1. Wynyard School (Belsen)

El primer internado al que Jack y Warnie fueron enviados por su padre es Wynyard School (Hertfordshire, Inglaterra). Nuestro escritor, sin embargo, siempre lo conoció como Belsen, el nombre de un campo de concentración nazi. El motivo de este motejo estriba en que allí se sintió como un pobre preso judío sometido a la férula de un director demente: Robert *Oldie* Capron (1851-1911).

Ciertamente, el trato de Oldie hacia sus alumnos era tiránico y agresivo, porque solía insultarlos y golpearlos sin ton ni son. De este modo nos lo detalla Lewis en sus memorias: «Azotaba incesantemente al pobre P. [...]. Recuerdo que Oldie hizo que ese chico se inclinase en un rincón del aula, luego cogió carrerilla y, atravesando el aula, le propinó una patada. Pero P. era un sufridor entrenado para un sinfín de palizas y no se le escapó un sonido, hasta que al final de la tortura se le escapó un ruido que nada tenía que ver con una expresión humana: aquella forma de croar (o aquel grito metálico) y los rostros grises del resto de muchachos, quietos como muertos, están entre los recuerdos de los que yo estaría dispuesto a prescindir»[57]. Por suerte, Jack nunca padeció los exabruptos del viejo profesor, pero, como queda dicho, sí presenció los múltiples castigos a los que fueron sometidos sus compañeros.

La evocación de esta violencia gratuita persiguió a Lewis todos los días de su vida, porque se opuso una y otra vez al maltrato escolar, aunque fuese una práctica habitual en su tiempo. De hecho, en *El príncipe Caspian* procura desquitarse de aquel profesor que se las hizo pasar canutas: «Junto a un pozo situado en un patio, [Aslan y su comitiva] encontraron a un hombre que le pegaba a un muchacho. El palo floreció en la mano del hombre, que intentó arrojarlo al suelo, pero este permaneció pegado a su mano. El brazo se convirtió en una rama; su cuerpo, en el tronco de un árbol, y sus pies, en las raíces. El muchacho que momentos antes lloraba prorrumpió en carcajadas y se unió a ellos»[58]. Es indudable que esta escena nos retrotrae a los abusos padecidos por el pobre P. a manos de Oldie, pero también al escarmiento que este último habría merecido.

A pesar de lo dicho, Lewis atribuye un beneficio a su paso por Belsen: el resurgimiento de su escasa religiosidad, que él creía haber perdido por completo tras la muerte de su madre. Así nos lo describe él mismo: «Por primera vez, me convertí en un creyente practicante.

57 C. S. LEWIS, *Cautivado por la alegría*, Ediciones Encuentro, Madrid 2008[3], 29.

58 C. S. LEWIS, *El príncipe Caspian*, en *Las crónicas de Narnia. Obra completa*, Editorial Planeta, Barcelona 2005, 279.

Que yo sepa, el instrumento fue la iglesia a la que nos llevaban dos veces cada domingo [...]. Allí oí la doctrina cristiana de labios de hombres que, indiscutiblemente, la creían [...]. El efecto, por lo que puedo juzgar, fue totalmente positivo: empecé a rezar con seriedad, a leer la Biblia y a intentar obedecer a mi conciencia»[59]. A la larga, esto se convertiría en un problema que, paradójicamente, fortalecería aún más su ateísmo; sin embargo, quedémonos ahora con el dato de este renovado interés por la religión cristiana.

En cualquier caso, y dada esta situación de terror que tenían que padecer en Belsen, Warnie y Jack escribieron una carta a su padre rogándole que los sacara de allí. Al principio, este se negó, pues pensaba que se trataba de una añagaza de sus hijos; mas, después de una seria investigación, descubrió que, en efecto, las condiciones de vida del colegio no eran las adecuadas, por lo que finalmente accedió a su deseo. Y esta decisión fue sin duda la correcta, porque, meses después de ella, Oldie fue arrestado e internado en un oscuro psiquiátrico, donde moriría sumido en la locura[60].

2. Cherbourg School (Chartres)

Cherbourg School fue el segundo internado al que acudieron Jack y Warnie, aunque nuestro autor prefirió rebautizarlo en su autobiografía como Chartres. Este nombre evoca la célebre ciudad del norte de Francia,

---

59 C.S. LEWIS, *Cautivado por la alegría*, 33.

60 *Cf.* W. HOOPER, *Biographical Appendix*, en *The collected letters of C.S. Lewis*, vol. I, Harper Collins, Londres 2000, 984.

cuya majestuosa catedral gótica impresiona por su grandeza y espiritualidad. Lewis, que tuvo la oportunidad de visitarla durante su participación en la Primera Guerra Mundial, encontró en ella un símbolo irónico: ¿cómo podía Europa albergar semejante obra consagrada a la fe cristiana mientras el continente se desgarraba en una contienda fratricida? Para él, esta contradicción reflejaba la hipocresía que vivió en aquel colegio: se presentaba como una institución cristiana, pero lo alejó de la fe en lugar de acercarlo a ella.

Una influencia inesperada en este proceso de alejamiento fue su propio hermano, Warnie. Así es, a su llegada a Chartres, este abrazó una vida que, según los estándares de la época, se consideraba disoluta: fumar a escondidas, escaparse con amigos, asistir al teatro siempre que pudiera y entrar de rondón en los vodeviles de la ciudad[61]. Y como Jack estaba deseoso de compartir el mayor tiempo posible con su hermano, terminó, sin comerlo ni beberlo, adoptando las mismas costumbres: se aficionó igualmente al tabaco, a las bambalinas y a los tugurios que frecuentaba Warnie. Aunque en su interior aún quería conservar la inocencia del niño de Belfast fascinado por los cuentos de hadas, la realidad lo empujó inexorablemente hacia la adultez, marcando el inicio de una crisis espiritual profunda.

Como consecuencia de todo ello, y según confiesa en sus memorias, Jack se vio asediado por las tentaciones de la carne, sin oponer resistencia ni buscar la ayuda del cielo[62]. En el colegio, los capellanes insistían en que tales deslices eran una afrenta contra el Espíritu Santo y,

61 *Cf.* G. SAYER, *Jack*, 66.

62 C. S. LEWIS, *Cautivado por la alegría*, 60.

por ende, el peor de los pecados[63]; sin embargo, y al mismo tiempo, algunos miembros del claustro organizaban reuniones en las que los alumnos socializaban con chicas de su edad, fomentando el despertar de los deseos que tanto le perturbaban: «Era una carga de la que yo quería desprenderme, escapar de ella en cuerpo y alma. Ya me había llevado a tal estado que el tormento nocturno proyectaba su oscuridad a toda la tarde, y temía la hora de acostarme como si fuera un enfermo crónico de insomnio. Si hubiera seguido mucho más por el mismo camino, creo que me habría vuelto loco»[64].

En medio de esta lucha interna, Lewis encontró un inesperado refugio en el ocultismo. Así es, por aquel entonces, nuestro autor había estrechado una extraña amistad con la gobernanta del colegio, que era aficionada a estas prácticas[65]. Por esta razón, ambos pasaban las horas muertas hablando sobre las bondades de dichas creencias, hasta el punto de que Jack se sintió fascinado por ellas: «La vaguedad, el carácter meramente especulativo de todo este ocultismo empezó a extenderse —sí, y a extenderse deliciosamente— hasta por sobre las rigurosas verdades del credo. Todo se convirtió en tema de especulación: pronto me vi, según la famosa frase,

---

63 G. SAYER, *Jack*, 67.

64 C. S. LEWIS, *Cautivado por la alegría*, 55.

65 Jack, que a la sazón contaba trece años, había adquirido la costumbre de arrellanarse en los brazos de la gobernanta, un gesto aparentemente sin importancia, pero que, para él, gozaba de mucho calado: había encontrado en ella una sustituta de su madre. Tan inusitada era esta costumbre que escandalizó a los profesores del colegio, los cuales, tras descubrirla, resolvieron la expulsión de la mujer, un contratiempo que nuestro escritor nunca se perdonó (*cfr.* G. SAYER, *Jack*, 67).

"sustituyendo el 'creo' por el 'siento'", y, ¡oh, qué descanso!, aquellas noches a la luz de la luna en el dormitorio se esfumaron; así pasé del tiránico mediodía de la Revelación a la fría luz del pensamiento elevado, donde no había nada que obedecer y nada que creer, excepto lo que fuese reconfortante o excitante»[66]. Esta sensación de liberación fue tan intensa que terminó por apartarlo completamente de la fe cristiana y, con ella, de sus escrúpulos de conciencia.

Tanto en *Cautivado por la alegría* como en su correspondencia personal, Lewis deja testimonio de este periodo de su vida, que se prolongó durante varios años: experimentó con la magia negra, se interesó en los pentáculos, practicó la teúrgia e incluso intentó invocar a los muertos. Sin embargo, abandonó todo ello tras presenciar la agonía de un hombre que, habiendo seguido su mismo camino, murió aterrado por visiones de demonios que pretendían llevárselo al infierno[67]. No es extraño, entonces, que Lewis plasmara estas experiencias en *Las crónicas de Narnia*, particularmente en *El príncipe Caspian*, donde un grupo de enanos intenta convocar a la Bruja Blanca desde el inframundo[68].

En cualquier caso, el joven Jack se había convertido en un ateo convencido; desde este momento y hasta su conversión, hará todo lo posible por reafirmar su incredulidad. En este sentido, debemos saber que, precisamente en Cherbourg School, se enfrentó a sus profesores, debatiendo con ellos sobre la supuesta falsedad

66 C.S. LEWIS, *Cautivado por la alegría*, 53.

67 *Cf.* Ibid., 161.

68 C.S. LEWIS, *El príncipe Caspian*, en *Las crónicas de Narnia. Obra completa*, 268.

del cristianismo, porque era incapaz de aceptar que, de entre todas las religiones del mundo, solo esta pudiera ser la auténtica[69]. En su rebeldía, incluso llegó a adoptar el panteón nórdico, que había conocido gracias a la lectura de Isaías Tegnér, como objeto de veneración, rindiendo a sus falsos dioses el culto que debería haber dirigido al Dios verdadero. No obstante, más que una convicción genuina, estos desvaríos no fueron sino gestos adolescentes, una protesta contra una fe que, a su juicio, lo había abandonado en el momento más doloroso de su vida: la muerte de su madre.

3. Malvern College (Wyvern)

En 1913, Jack obtuvo una beca para ingresar en Malvern College[70], al que él mismo rebautizó como Wyvern. La

---

69 «La impresión que yo saqué era que la religión en general, aunque totalmente falsa, era una reacción natural, una especie de absurdo endémico al que la humanidad se dirigía erróneamente. En medio de un millar de religiones, estaba la nuestra (la mil una) con la etiqueta de "verdadera". Pero ¿en qué podía basarme para creer en esta excepción? Si era claramente del mismo tipo que las demás, ¿por qué se la trataba de forma tan distinta? En todo caso, ¿tenía yo que seguir tratándola de forma distinta?» (C. S. LEWIS, *Cautivado por la alegría*, 56).

70 A diferencia de *school*, la palabra *college* tiene varios significados en el ámbito académico inglés: puede aludir tanto a una escuela de educación secundaria (o instituto) como a un centro de estudios privado; también puede ser una facultad universitaria o una federación de estas, o bien una institución de renombre o un colegio mayor. Malvern College se acomoda a las dos primeras acepciones, porque era un centro de estudios secundarios privado.

palabra *wyvern*, traducida a veces como *guiverno*, designa a una criatura mitológica de la tradición medieval inglesa, similar a un dragón, pero con ciertas diferencias: tiene aspecto reptiliano, escupe fuego y posee alas, aunque solo cuenta con dos patas en lugar de cuatro. Su presencia en el imaginario británico se debe, sobre todo, a la leyenda de san Jorge, que habría combatido contra uno de estos seres, al que los lugareños entregaban anualmente a sus propios hijos para calmar su insaciable apetito.

Para el futuro autor de *Las crónicas de Narnia*, esta leyenda resultaba una metáfora perfecta de su experiencia en Malvern: «Espiritualmente hablando, el mal residía en aquel *cole*, cuya vida interna estaba totalmente dominada por la lucha de clases: continuar, alcanzar la meta y permanecer en ella eran las preocupaciones que absorbían a todos. De ahí que surgieran todo tipo de bajezas: la adulación que corteja a los que están más arriba, el cultivo de la amistad de aquellos que es bueno conocer, el abandono inmediato de las amistades que no ayudarían en el proceso de ascenso... Los chicos de Wyvern constituían la sociedad menos espontánea (y en ese sentido, menos juvenil) que yo haya conocido jamás»[71]. Así, aquellos niños, inocentes al ingresar, eran devorados por el *guiverno* de la institución y regurgitados como adultos corrompidos[72]. Para Lewis, esta

---

71 C.S. LEWIS, *Cautivado por la alegría*, 92.

72 Según refiere McGrath en su biografía, Malvern College forjaba a sus estudiantes para convertirlos en la élite del país, pero a costa de su propio rendimiento académico: por ejemplo, era preferible que alcanzaran plusmarcas encomiables en el deporte antes que buenas calificaciones en los exámenes. A pesar de este despropósito, y en orden al presunto bienestar

perversión era aún más cruel porque reflejaba su propia pérdida de la inocencia, como ya había experimentado en su anterior escuela.

Entre las muchas costumbres de Wyvern que Lewis relata en sus memorias, la más aborrecible para él fue el *fagging*[73]. Este sistema, común en los *colleges* británicos de la época, obligaba a los alumnos más jóvenes a servir como asistentes de los mayores, encargándose de tareas como llevarles tabaco, cepillarles la ropa o servirles el té. Sin embargo, lo más perturbador era que, en muchos casos, también se convertían en sus amantes, a quienes Lewis denomina *furcios*: «Un *furcio* es un muchacho pequeño, guapo y de aspecto afeminado que sirve de sodomita a uno o más de sus mayores [...]. No eran esclavos, puesto que casi siempre se solicitaban sus favores sin obligarles a concederlos; tampoco eran como las prostitutas, porque la unión a menudo tenía cierta estabilidad, y lejos de ser meramente sensual, había una fuerte carga sentimental»[74].

Misteriosamente, este hábito no solo no era censurado por los profesores, sino que, según el testimonio de nuestro escritor, parecía estar alentado por ellos: consideraban que era una forma de preparar a los niños para la vida adulta, ya que les inculcaba disciplina y respeto a

---

social de sus hijos, los padres aprobaban de plano dicho sistema, es decir, los entregaban dócilmente a las fauces del *guiverno* (*cfr*. A. MCGRATH, *C.S. Lewis. Su biografía*, 52).

73 El término *fagging* deriva de la palabra *fag*, que tiene dos significados posibles: o bien «cigarrillo», o bien «maricón» (*sic*). En ambos casos, la concomitancia es inevitable.

74 C.S. LEWIS, *Cautivado por la alegría*, 76.

los mayores[75]. En palabras del propio Lewis, su aspecto poco agraciado le evitó ser elegido como *furcio*, pero no le libró de presenciar estas prácticas durante su estancia en Malvern[76]. No es de extrañar que, tiempo después, reflejara estos recuerdos en *Las crónicas de Narnia*, particularmente en *La silla de plata*, donde la protagonista sufre el acoso de compañeros abusivos que, además, cuentan con la complicidad del profesorado[77].

Sin embargo, Jack encontró un pequeño refugio en Wyvern: la biblioteca. Siempre que podía, se evadía entre sus estanterías, esquivando así las tareas impuestas por los mayores. Como sabemos, por aquel entonces su fascinación por la mitología nórdica era profunda, pero en esta etapa amplió sus horizontes, sumergiéndose también en las leyendas grecorromanas: «Asgard y el Olimpo comenzaron a convivir en mi imaginación»[78]. Esta conjunción de mitologías resultó clave para su evolución intelectual, pues, con el tiempo, le llevaría a reconsiderar el papel de la religión. Más adelante, Lewis llegaría a ver en los mitos antiguos una prefiguración del Evangelio, una idea que plasmaría en *Las crónicas de Narnia*, donde las criaturas del país de Aslan —faunos, centauros, dríades, entre otros— parecen extraídas de

---

75 *Cf.* Ibid., 77.

76 «Después de los deportes, el tema principal de una conversación educada eran los amoríos: quién tenía "un lío" con quién, qué estrella estaba en ascenso, quién tenía la foto de quién; quién, cuándo, dónde; cuántas veces, qué noche, dónde...» (C. S. LEWIS, *Cautivado por la alegría*, 77).

77 *Cf.* C. S. LEWIS, *La silla de plata*, en *Las crónicas de Narnia. Obra completa*, 376.

78 C. S. LEWIS, *Cautivado por la alegría*, 96.

las tradiciones mitológicas más remotas, como un preludio de la venida de Cristo.

4. Gastons

Gastons es el cuarto colegio al que asistió Jack, aunque, en rigor, no deberíamos hablar de una escuela propiamente dicha, sino de una casa particular situada en Great Bookham, en el condado de Surrey, Inglaterra. Allí fue enviado por su padre, Albert, con el propósito de prepararse para el acceso a la universidad. Lewis describe este período como el sabor de un buen chuletón acompañado por el inconfundible regusto de la cerveza[79]. Y todo ello, según confesión propia, se lo debía a su tutor: William T. Kirkpatrick (1848-1921).

Lo que más fascinó a nuestro escritor de Kirkpatrick fue su método de enseñanza, basado en la *reductio ad absurdum*. Para comprenderlo mejor, consideremos una anécdota narrada por el propio Lewis: «Dije que me sorprendía el panorama de Surrey, porque era mucho más agreste de lo que yo esperaba. "¡Basta! —gritó Kirk tan repentinamente que me hizo saltar—. ¿Qué entiendes tú por 'agreste' y en qué te basabas para no esperarlo?". Le respondí no sé qué, intentando todavía conversar con él. Como me devolvía una respuesta detrás de otra hecha trizas, por fin se me ocurrió que de verdad quería saber; no estaba ni conversando ni bromeando ni regañándome: quería saber. Unas pocas insinuaciones fueron suficientes para demostrarme que no tenía una idea clara y concreta del significado de la palabra "agreste" y que, hasta donde yo la comprendía,

79 *Cf.* Ibid., 112.

este era un término completamente inadecuado. "¿No ves entonces —concluyó el profesor Kirkpatrick— que tu afirmación carecía de fundamento?"»[80]. Cualquiera de nosotros se sentiría abrumado ante esta respuesta, pero Jack comprendió que había encontrado la horma de su zapato.

C.S. Lewis rendirá homenaje a su maestro en *Las crónicas de Narnia*, concretamente en *El león, la bruja y el armario*, donde el anciano Kirke —nombre claramente inspirado en Kirkpatrick— razona de manera similar: «"¿Cómo sabéis que la historia de vuestra hermana no es cierta? [...]. Por ejemplo, si me permitís que os lo pregunte: ¿os lleva vuestra experiencia a considerar a vuestro hermano o a vuestra hermana como el más digno de crédito? Quiero decir, ¿cuál de los dos es más veraz?". "Eso es lo más curioso al respecto, señor —dijo Peter—. Hasta ahora, yo habría dicho siempre que era Lucy" [...]. "¡Lógica! —dijo el profesor, en parte para sí mismo—. ¿Por qué no enseñan lógica en las escuelas de hoy en día? Existen solo tres posibilidades: o bien vuestra hermana miente, o bien está loca, o bien dice la verdad. Sabéis que no miente y resulta evidente que no está loca; por el momento, pues, y a no ser que aparezcan más pruebas, debemos dar por sentado que dice la verdad"»[81].

Si bien Lewis siempre reconoció su deuda intelectual con Kirkpatrick, el hallazgo más relevante de esta etapa le sobrevino de manera tangencial: el

80 Ibid., 110.

81 C.S. LEWIS, *El león, la bruja y el armario*, en *Las crónicas de Narnia. Obra completa*, 89.

descubrimiento de *Fantasías*, de George MacDonald[82]. Como sabemos, desde su infancia se había nutrido de relatos de hadas, pero aquella fábula poseía una cualidad ausente en los cuentos que había leído hasta entonces: la *santidad*. Este término, clave en el pensamiento de Lewis, no se limita a la virtud moral en sentido estricto, sino que evoca algo más profundo e irresistible: una belleza que impregna el mundo y eleva el alma hacia lo trascendente. A diferencia de la Alegría —ese anhelo de lo inalcanzable que seducía a Lewis y lo impulsaba a buscar siempre más allá—, la *santidad* no solo provocaba deseo, sino que transformaba. No era un ideal abstracto ni un código de conducta, sino una realidad viva, capaz de atraer y cambiar a quien la contemplara[83].

El impacto de este descubrimiento en Jack fue tan profundo que quiso trasladarlo a *Las crónicas de Narnia*. En ellas, las descripciones del País del Gran León no solo buscan maravillar al lector, sino también suscitar en él una transformación interior. Lewis veía en la *santidad* un destello de la belleza divina y, si lograba reflejarla en su obra, facilitaría el encuentro con Dios. No en vano, al final de *La travesía del viajero del alba*, Aslan les revela a los niños: «Este fue el motivo

82 El título original del relato es *Phantastes*, pero *Fantasías* es el que recibió en España conforme a la única edición conocida del texto en nuestro país (Ediciones Miraguano, Madrid 1989, 206 pp.). en cuanto a George MacDonald (1824-1905), debemos decir que fue un escritor, poeta y ministro escocés, considerado uno de los pioneros de la fantasía moderna. Su literatura combina elementos fantásticos con una fuerte dimensión espiritual, explorando temas de redención, fe y el anhelo de lo eterno.

83 *Cf.* C.S. LEWIS, *Cautivado por la alegría*, 144.

por el que se os trajo a Narnia, para que, al conocerme aquí durante un tiempo, me pudierais reconocer mejor allí»[84].

Con esto concluye la educación escolar de C.S. Lewis, una etapa marcada por una profunda transformación personal. Desde los traumas de Wynyard School, los desafíos espirituales de Cherbourg y Malvern, hasta su descubrimiento de la *santidad* en Gastons, cada experiencia dejó una huella indeleble en su carácter y en su visión del mundo. Ahora, sin embargo, se abre ante él un nuevo desafío: Oxford. Gracias a la instrucción de Kirkpatrick, el 13 de diciembre de 1916, consiguió ingresar en la prestigiosa universidad para estudiar Humanidades, una disciplina en auge por aquel entonces y que le apasionaba profundamente. Sin embargo, su brillante carrera académica se vería pronto interrumpida: el Reino Unido estaba inmerso en la Primera Guerra Mundial y requería de sus servicios.

---

84 C.S. LEWIS, *La travesía del viajero del alba*, en *Las crónicas de Narnia. Obra completa*, 370.

Universidad de Oxford (1916-1954)

La vida de C. S. Lewis en Oxford comenzó con un desafío considerable: en 1917, cuando apenas comenzaba sus estudios, fue llamado a participar en la Primera Guerra Mundial. Este conflicto no solo interrumpió su formación académica, sino que también dejó cicatrices profundas en su visión de la vida y la humanidad. Aunque sobrevivió al conflicto, el peso de las pérdidas y el sufrimiento que presenció lo acompañaron durante años, marcando su carácter introspectivo y dejando una huella indeleble en su futura obra literaria. Al regresar a Oxford, Lewis no solo retomó sus estudios, sino que encontró en la universidad un refugio y un propósito renovado.

Durante esta etapa, se forjaron las amistades y los círculos intelectuales que serían decisivos para su desarrollo personal, religioso y profesional. En particular, su relación con J.R.R. Tolkien y los Inklings, un grupo de escritores y pensadores cristianos que se reunían regularmente en el *pub* The Eagle and Child, fue fundamental para su crecimiento espiritual e imaginativo. Estas conversaciones no solo consolidaron su fe, sino que también estimularon su creatividad, sentando las bases para algunas de sus grandes obras, como *Mero cristianismo* y *Las crónicas de Narnia*.

1. Participación en la Gran Guerra

Como es bien sabido, en 1914 estalló la Primera Guerra Mundial, conocida a la sazón como la Gran Guerra. Por aquel entonces, nuestro escritor contaba apenas dieciséis años, lo que le permitió zafarse del reclutamiento forzoso al que estaba siendo sometida la población británica mayor de dieciocho años; además, al estar preparando su acceso a la universidad, quedaba exento de la incorporación al conflicto. Sin embargo, todo esto cambió en 1916, año en el que no solo alcanzó la mayoría de edad, sino también en el que ingresó a Oxford. Ya no pudiendo rehuir más el trance de armas, fue llamado a filas y enviado al norte de Francia para combatir contra el Ejército alemán.

En sus memorias, Jack dedica muy pocas líneas a su intervención en la contienda, pues los horrores que presenció en ella fueron de tal magnitud que continuaron conmocionándolo mucho tiempo después de que concluyera[85]. No obstante, según afirma, para resguardarse del dolor que todavía le causaban esos recuerdos, levantó un «parapeto imaginativo» entre ellos y él, de modo que, cada vez que lo asaltaran, pudiera contemplarlos con cierta asepsia, como si fueran evocaciones de otra persona o escenas de un libro que estuviera leyendo. Por supuesto, podemos encontrar una reminiscencia de ese «parapeto imaginativo» en *El caballo y el muchacho*, donde el Ermitaño de la Linde Meridional contempla la batalla que está teniendo lugar en Narnia a través de un estanque mágico, que lo distancia, obviamente, del conflicto[86].

En cualquier caso, este recurso de Lewis a la imaginación para protegerse de la realidad será esencial para

---

85 *Cf.* C.S. LEWIS, *Cautivado por la alegría*, Ediciones Encuentro, Madrid 2008[3], 155.

86 *Cf.* C.S. LEWIS, *El caballo y el muchacho*, en *Las crónicas de Narnia. Obra completa*, Editorial Planeta, Barcelona 2006, 198.

entender *Las crónicas de Narnia*. Como veremos, estas también fungirán como refugio cuando, a raíz de su renovada fe cristiana, enfrente un torrente de críticas por parte de sus compañeros de claustro. Algunos estudiosos de su obra, de hecho, se preguntan hoy en día si nuestro autor otorgaba mayor autenticidad a su mundo imaginativo que a la propia realidad[87].

A pesar de las amargas vivencias en la guerra, nuestro escritor atribuye dos favores a su participación en ella, que influirán notablemente tanto en su vida personal como en sus escritos. El primero, la camaradería que encontró entre sus conmilitones, un factor que le ayudó a comprender hasta qué punto la amistad entre los hombres se ve reforzada cuando comparten el infortunio: esto resulta decisivo para comprender *Las crónicas de Narnia* en su totalidad, puesto que, a lo largo de la serie, los jóvenes protagonistas sufren multitud de adversidades que, como hemos mencionado, consolidan su comprensión mutua. El segundo factor positivo de su paso por la guerra fue el descubrimiento de la obra de Chesterton, a la que accedió durante su convalecencia en un hospital de campaña a raíz del «mal de las trincheras» [88]. Para él, este hallazgo fue una auténtica serendipia, motivo por el cual le otorga gran relevancia en sus memorias.

---

87 *Cf.* A. MCGRATH, *C.S. Lewis. Su biografía*, Ediciones Rialp, Madrid 2014, 249.

88 «El "mal de las trincheras" es el nombre que le damos en este país a la pirexia, que causa fiebre y un malestar acusado que impide combatir con normalidad» (C.S. LEWIS, *To his father. Nº 10 British Red Cross hospital, Le Tréport, 16 February 1918*, en *The collected letters of C.S. Lewis*, vol. I, Harper Collins, Londres 2000, 356) [trad.].

Huelga presentar a G.K. Chesterton (1874-1936), un celebérrimo y prolífico escritor inglés conocido principalmente por su defensa apasionada del cristianismo. A primera vista, resulta inaudito que Lewis se sintiera tan atraído por un apologeta cristiano, dada su profunda inclinación atea; sin embargo, lo hizo de tal manera que llegó a considerar providencial el encuentro con su obra. Y no es para menos, puesto que, gracias a ella, comenzó su lenta reconciliación con la fe cristiana: «Un joven que quiera seguir siendo un perfecto ateo no puede ser demasiado exigente con su lectura: hay trampas por todas partes [...]. Dios, si se me permite decirlo así, no tiene demasiados escrúpulos»[89].

A partir de ese momento, Jack empezó a leer cada volumen que Chesterton publicaba, a pesar de que este fuera cristiano y él no. En este sentido, el libro que finalmente logró doblegar su descreimiento fue *El hombre eterno* (1925), en cuyas páginas Chesterton presenta una contundente crítica contra la concepción dialéctica de la historiografía universal, muy en boga por aquellos años: mientras los eruditos del momento veían en el comunismo la panacea para la humanidad, Chesterton proponía a Cristo como el único remedio. Sobre esta sorprendente postura, C.S. Lewis llegaría a decir: «Por primera vez vi toda la concepción cristiana de la historia expuesta de una forma que parecía tener sentido»[90].

No obstante, a pesar de esta declaración, Jack aún debía dar algunos pasos hacia su conversión definitiva. El camino fue largo y reflexivo, por lo que no podemos detallar todo el proceso aquí. Sin embargo, es

---

89 C.S. LEWIS, *Cautivado por la alegría*, 152.

90 Ibid., 177.

pertinente señalar a una persona que, por decirlo en términos sencillos, le dio la puntilla a su irreligiosidad: J.R.R. Tolkien.

2. J.R.R. Tolkien

Antes de ahondar en la figura de Tolkien, conviene saber que C. S. Lewis regresó a Inglaterra sano y salvo tras el fin de la Primera Guerra Mundial, razón por la que se reincorporó a la Universidad de Oxford en cuanto hubo pisado suelo británico. Como señalamos anteriormente, había tenido que interrumpir sus estudios en Humanidades para prestar servicio a la patria, pero logró ponerse al día rápidamente, finalizando la carrera en un tiempo récord y con calificaciones sobresalientes. Este rendimiento académico extraordinario llamó la atención del rectorado de Oxford, que pronto le ofreció un cargo como tutor de inglés en uno de sus centros más prestigiosos: Magdalen College.

En su correspondencia personal, Lewis asegura que vivir en Magdalen College elevó su imaginación a cotas altísimas. Y no es para menos, ya que el edificio, cuya construcción data del siglo XV, desprendía un aire medieval irrenunciable (y bien sabemos cuánto apreciaba nuestro autor el Medievo): altas murallas de piedra, una imponente torre, amplios jardines por los que corre un pequeño río... Jack no podía estar más contento, y así lo expresó en una de sus cartas: «Mi ventana da al norte y se abre al bosque, que ahora se adorna con los colores del otoño; allí, de vez en cuando, aparece un ciervo que, sin embargo, se da a la fuga en cuanto nuestros ojos se cruzan»[91]. Tres elementos aparecen en estos escuetos renglones que, aunque sencillos, resumen la vida de Lewis hasta ese momento y presagian la posterior creación de *Las crónicas de Narnia*: el norte, el otoño y el ciervo. Los dos primeros, como sabemos, forman parte de sus encuentros con la Alegría; el tercero, aparecerá de soslayo al final de *El león, la bruja y el armario*, cuando los hermanos Pevensie intenten dar caza al legendario Ciervo Blanco.

Ahora sí, hablemos de John Ronald Reuel Tolkien, el célebre creador de la Tierra Media, con quien Lewis trabó amistad y por quien, como mencionamos previamente, fue impulsado a abrazar el evangelio. Sin embargo, esa relación no comenzó de la mejor manera, ya que, según Lewis, el futuro autor de *El señor de los anillos* era poco más que un ingenuo al que alguien debería dar un buen pescozón[92]. No obstante, como veremos más adelante, sería Tolkien quien le daría el golpe de gracia que cambiaría su vida para siempre.

Por aquellos años, Jack, ya consolidado como profesor de inglés en Oxford, formaba parte de un club literario que le reportaba grandes satisfacciones: los Coalbiters[93]. Este club, fundado por J.R.R. Tolkien,

---

91 C.S. LEWIS, *To his father. Magdalen College, Oct 21st, 1925*, en *The collected letters of C.S. Lewis*, vol. I, Harper Collins, Londres 2000, 650 [trad.].

92 *Cf.* C.S. LEWIS, *Tuesday 11 May 1926*, en *All my road before me. The Diary of C.S. Lewis*, Harper Collins, Londres 1993, 392.

93 «Hoy he pasado la mañana en el Edda [...]. Aún recuerdo las sensaciones que me embargaron cuando leí por primera vez *La saga del rey Olaf* a los nueve años aproximadamente; y su regreso mucho más tarde, cuando tenía trece; pues bien,

tenía como propósito compartir el gusto por los mitos nórdicos, los cuales debían ser leídos en su lengua original (de hecho, el nombre de la asociación alude a los «mordedores del carbón», es decir, aquellos que prefieren acurrucarse junto al fuego —tan cerca que parecen masticar las brasas— para contar historias en vez de salir a batallar). A pesar de ser solo un aficionado al islandés antiguo, Jack se reunía con ellos semanalmente para declamar las viejas leyendas de su añorado Norte.

El encuentro más significativo entre Tolkien y Lewis ocurrió la madrugada del 19 de septiembre de 1931. Aquella noche, Lewis había organizado una cena en sus dependencias del Magdalen College, a la que, por supuesto, asistió el futuro creador de la Tierra Media. Después del postre, ambos decidieron dar un paseo por los jardines de Oxford para conversar sobre la naturaleza y el fin de los mitos: Lewis defendía que estos eran mentiras plateadas (*sic*), es decir, historias bien elaboradas diseñadas para conmover el corazón humano; por el contrario, Tolkien sostenía que, lejos de ser meros cuentos, los mitos representaban el modo en que Dios había preparado misteriosamente a la humanidad para el momento de la Revelación. Lewis quedó tan sobrecogido por este razonamiento que exclamó: «¿Quieres decir que la historia de Cristo no es más que un "mito verdadero", un mito que actúa sobre nosotros igual que los demás..., pero que realmente ocurrió? Ahora lo

---

esa vieja sensación volvió a mí esta misma mañana leyendo el nombre de gigantes y héroes» (C.S. LEWIS, *Tuesday 8 February 1927*, en C.S. Lewis, *All my road before me*, 448) [trad.].

entiendo»[94]. Tan trascendental fue este momento que Lewis lo denominó su «conversación nocturna»[95].

De niño, Tolkien había estudiado en el Oratorio de Birmingham, que había sido fundado por el mismísimo John Henry Newman[96]. Por este motivo, adoptó (y adaptó) de él esa idea del «mito verdadero». Así es, en *Apologia pro vita sua* el cardenal Newman escribe lo siguiente: «La filosofía, la literatura y la mitología del paganismo han preparado el Evangelio. Los poetas y sabios griegos han sido, en cierto modo, profetas, pues a estos sublimes bardos les fueron dados pensamientos más allá de sus propios pensamientos. Hubo una dispensación directamente divina concedida a los judíos, pero también hubo, en cierto sentido, una dispensación otorgada a los paganos. El que tomó la descendencia de Jacob para su pueblo escogido no apartó sus ojos del resto de la humanidad [...]. El proceso del cambio fue lento, no se llevó a cabo de golpe, sino con medida y

---

94 H. CARPENTER, *J.R.R. Tolkien. Una biografía*, Minotauro, Barcelona 2021, 187.

95 *Cf.* C.S. LEWIS, *To Arthur Greeves. [The Kilns] Oct. 1st/31 974*, en *The collected letters of C.S. Lewis*, vol. I, Harper Collins, Londres 2000, 974.

96 John Henry Newman (1801-1890) fue un teólogo, cardenal y escritor inglés, reconocido por su influyente papel en la historia religiosa del siglo XIX. Originalmente sacerdote anglicano y líder del Movimiento de Oxford, Newman se convirtió al catolicismo en 1845, lo que causó gran controversia. Fue ordenado sacerdote católico y más tarde nombrado cardenal en 1879. Sus escritos, como *Apologia Pro Vita Sua* (1864) y *La idea de universidad* (1852), son fundamentales en la teología cristiana y la educación. Newman fue canonizado en 2019, y es recordado por su defensa de la fe y la razón, así como por su profunda espiritualidad.

en tiempos diversos: ahora un descubrimiento, luego otro, hasta que toda la doctrina del Evangelio apareció a plena luz»[97]. Es decir, mediante los mitos, el hombre se fue acercando a la verdad divina, que sería revelada en su plenitud con la encarnación del Hijo de Dios.

Con el tiempo, Lewis continuaría explorando la teoría del «mito verdadero» e incluso la acogería como propia, aunque la renombraría como «sueños felices». Así lo expresa en uno de sus libros: «¿Qué hizo Dios para no dejarnos al albur de Satanás tras la caída original? En primer lugar, nos dejó la conciencia, es decir, el sentido del bien y del mal, y a lo largo de la historia ha habido personas que intentaron someterse a ella..., pero ninguna lo consiguió del todo. En segundo lugar, Dios nos envió lo que yo denomino "sueños felices", extrañas historias esparcidas por todas las religiones paganas acerca de un dios que muere y vuelve a la vida, y cuya muerte otorga nueva vida a los hombres. En tercer lugar, eligió a un pueblo en particular [el judío] y pasó siglos enseñándole el tipo de Dios que era: que no había otro dios fuera de Él y que le interesaba la buena conducta. Pero entonces viene lo más sorprendente: entre estos judíos aparece de repente un hombre que va por ahí diciendo que él es Dios, que perdona los pecados, que afirma existir desde siempre y que vendrá al final de los tiempos para juzgar al mundo [...]. Y todo esto tiene sentido si él es verdaderamente quien dice ser: Dios»[98].

En este sentido, a Lewis le fascinaba particularmente la leyenda del dios Baco (o Dionisio), patrón del vino e

---

97 J.H. NEWMAN, *Apologia Pro Vita Sua*, BAC, Madrid 2011, 24-25.

98 C. S. LEWIS, *Mero cristianismo*, Rialp, Madrid 2009[6], 67.

hijo de Júpiter, que murió a manos de los titanes, pero que fue concebido nuevamente por Sémele, una mujer mortal (algunas versiones afirman que Júpiter directamente embarazó a Sémele, lo que lo convertiría en un precedente de la Encarnación). Tras su *resurrección*, Baco descubrió el jugo de la uva y lo compartió con los hombres, quienes pronto advirtieron su poder para transformar los corazones. De este modo, *mutatis mutandis*, es la historia que asumió Cristo: siendo Hijo de Dios, tomó carne de una mujer mortal, murió, resucitó y otorgó a la humanidad su propia sangre, liberándola del pecado y dándole una nueva vida. Como explica Lewis: «Si quieres, llámalo "mitología". Pero es simplemente la verdad; no son hechos; es una imagen, no la pura realidad. Pero entonces es mi mitología, es mi inventiva: esta es la forma en que he elegido aparecer desde el principio hasta ahora. Para este fin he hecho tus sentidos y para este fin he hecho tu imaginación, para que veas mi rostro y vivas [...]. ¿No escuchaste entre los paganos la historia de Sémele? ¿O es que existió algún momento, en algún lugar, en el que los hombres no supieran que el maíz y el vino eran el cuerpo y la sangre de un Dios moribundo (que no muerto)?»[99].

Por supuesto, este conglomerado de ideas es recogido claramente por *Las crónicas de Narnia*, particularmente por *El príncipe Caspian*, donde el doctor Cornelius (*alter ego* de Tolkien) tiene una conversación con el protagonista sobre los mitos de Narnia. No en vano, dicha conversación tiene lugar de noche, como aquella que tanto había influido en Lewis. Además, en ese mismo libro, Baco juega un papel crucial, siendo la

---

99 C.S. LEWIS, *El regreso del peregrino*, Editorial Planeta, Barcelona 2008, 263.

única deidad del antiguo panteón pagano que aparece explícitamente a lo largo de toda la saga.

3. Éxito apologético

Gracias a su amistad con J.R.R. Tolkien y otros miembros del grupo de debate literario conocido como los Inklings[100], C.S. Lewis dio el paso definitivo hacia el cristianismo. En sus memorias, relata de manera particularmente intensa el momento en que, tras una larga lucha interna, al fin se rindió ante la evidencia de Dios: «Debes imaginarme solo, en aquella habitación del Magdalen College, noche tras noche, sintiendo el acercamiento inexorable de Aquel con quien tan encarecidamente no deseaba encontrarme. Pero finalmente cayó sobre mí. Hacia la festividad de la Trinidad de 1929, cedí: admití que Dios era Dios y, de rodillas, recé»[101]. Su conversión, que inicialmente fue al teísmo y luego al cristianismo, lo llevó a asumir un papel activo en la

100 Los Inklings fue un grupo literario informal que se reunía en Oxford entre las décadas de 1930 y 1950. Sus miembros compartían un profundo interés por la literatura, la mitología y la teología cristiana, y entre ellos se contaban J.R.R. Tolkien, C.S. Lewis, Charles Williams y Owen Barfield, entre otros. Se congregaban regularmente en las habitaciones de Lewis en el Magdalen College o en la taberna The Eagle and Child (apodada *The bird and baby*), donde leían y comentaban sus obras en desarrollo. Este círculo tuvo un impacto crucial en la evolución intelectual y espiritual de Lewis, pues fue en su seno donde Tolkien lo ayudó a comprender la naturaleza del cristianismo. Además, los debates y críticas entre los Inklings influyeron en la creación de obras como *El señor de los anillos* y *Las crónicas de Narnia*.

101 C.S. LEWIS, *Cautivado por la alegría*, 181.

defensa de la fe, convirtiéndose en uno de los apologetas más influyentes del siglo XX.

Como escritor, conferenciante y pensador cristiano, C.S. Lewis desarrolló una apologética que apelaba tanto a los académicos como a los lectores comunes. Su estilo concita claridad, rigor lógico y una profunda comprensión de la experiencia humana. Un punto de inflexión en su trayectoria apologética fue la publicación de *El problema del dolor* (1940), donde abordó la antigua cuestión de cómo un Dios amoroso puede permitir el sufrimiento. Lewis enfatizó el propósito redentor del dolor, sosteniendo que Dios lo emplea para nuestra santificación. En el contexto de la Segunda Guerra Mundial, esta obra resonó especialmente entre los lectores ingleses, que buscaban consuelo y sentido en medio de la tragedia.

Fue precisamente durante la guerra cuando Lewis alcanzó una audiencia masiva gracias a sus charlas radiofónicas en la BBC, más tarde recopiladas en *Mero cristianismo* (1952). Estas conferencias presentaban el evangelio de manera accesible y lógica a una sociedad desgarrada por el conflicto. El impacto de sus palabras fue inmenso; tanto es así que George Sayer, amigo y biógrafo de Lewis, recuerda cómo en los bares británicos los soldados hacían silencio para escuchar sus reflexiones: «Recuerdo estar en un *pub* tomando algo con los soldados un miércoles por la noche. De repente, a eso de las ocho menos cuarto, el barman nos manda callar, para que prestemos atención a Lewis: "Escuchad esta sección —nos espetó—, porque merece la pena". Y tanto los soldados como yo le hicimos caso y nos mantuvimos atentos los quince minutos del programa»[102].

102 G. SAYER, *Jack*, 278 [trad.].

La capacidad de Lewis para unir razón y emoción, combinando argumentación lógica con una presentación vibrante de la belleza y la maravilla de la fe cristiana, se refleja en obras como *Los milagros* (1947) y *El peso de la gloria* (1949). También en *Cartas del diablo a su sobrino* (1942), donde utiliza el humor y la ironía para explorar la naturaleza de la tentación y la vida espiritual. Esta innovadora aproximación capturó la atención de creyentes y escépticos por igual, consolidando su reputación como divulgador cristiano.

Pero, si bien la apologética de Lewis alcanzó su máxima expresión en sus ensayos y conferencias, también se extendió a su ficción. En este sentido, debemos destacar su *Trilogía cósmica*, donde diserta acerca de un mundo que no ha caído en el pecado original. Aunque, sobre todo, es reseñable *Las crónicas de Narnia*, posiblemente su mayor triunfo literario, que nacieron con el deseo de presentar verdades cristianas en una forma que fuera accesible a los jóvenes y evocadora para los adultos. Publicado en 1950, *El león, la bruja y el armario* se convirtió en un éxito gradual, lo que llevó a Lewis a expandir el universo de Narnia en un total de siete volúmenes. La serie sigue siendo una de las obras más queridas de la literatura infantil, destacando por su mezcla de fantasía, aventura y profundidad espiritual.

Sin embargo, este aplauso popular no estuvo exento de críticas: en los círculos académicos de Oxford, algunos de sus colegas consideraban que su creciente fama restaba seriedad a su labor intelectual. Por desgracia, este escepticismo no provenía solo de sus detractores, sino también de amigos como Tolkien, que sentía que la obra de Lewis carecía de la profundidad simbólica y coherencia interna que él mismo le exigía a la literatura.

Además, algunos teólogos cuestionaban su tendencia a presentar argumentos cristianos en un lenguaje demasiado accesible, que a su juicio simplificaba cuestiones complejas. A pesar de estas críticas, Lewis no cesó en su labor apologética ni en su vocación literaria.

El desdén de sus colegas en Oxford terminó por distanciarlo de su *alma mater*, aunque nunca dejó de amarla. En una de sus cartas, confiesa: «Le pido que rece por mí, porque me encuentro en un momento de mi vida en el que muchas veces me dejo arrastrar por la tristeza»[103]. Su solución no fue abandonar la escritura, sino refugiarse en la imaginación y la ficción, donde encontraba una forma de vivir su fe lejos de las críticas de sus contemporáneos. En este sentido, Narnia se convirtió en algo más que un mundo literario: fue su bastión onírico, su forma de resistir el embate de la realidad.

Pero, si en Oxford lo rechazaban, en Cambridge lo recibieron con los brazos abiertos. En 1954, Lewis aceptó una cátedra en la Universidad de Cambridge, donde continuó su labor académica con mayor tranquilidad. Paradójicamente, el mismo hombre que había sido menospreciado por ciertos sectores de Oxford fue reconocido en Cambridge como una de las mentes más brillantes de su tiempo. De esta manera, su legado apologético y literario quedó consolidado, asegurando que su influencia perdurara mucho más allá de su propia época.

---

103 C.S. LEWIS, *To Sheldon Vanauken. Magdalen College, Oxford, May 14/54*, en *The collected letters of C.S. Lewis*, vol. III, Harper Collins, San Francisco CA 2007, 472 [trad.].

Universidad de Cambridge (1954-1960)

El 1 de octubre de 1954, C. S. Lewis tomó posesión de su nuevo despacho como tutor de inglés en la Universidad de Cambridge, concretamente en Magdalene College[104]. Pese a sus primeras reticencias, el cambio resultó beneficioso. En una carta a uno de los pocos amigos que le quedaban en Oxford, escribió: «Ahora puedo decir que mi traslado ha sido beneficioso. Ciertamente, tanto la universidad como el *college* son más pequeños que Oxford, pero a la vez más acogedores y elegantes. Lo mejor es que aquí me siento como cuando te pones al socaire de un muro bañado por el sol. El único peligro que detecto es que esto me guste demasiado. No es extraño que mis compañeros digan que parezco haber rejuvenecido unos años»[105]. Lewis había encontrado por fin el «descanso del guerrero»: después de sus arduas disputas en Oxford, Cambridge le ofrecía la tranquilidad que tanto necesitaba.

Sin embargo, el desgaste sufrido en su antigua universidad había hecho mella en él. Aunque disfrutaba de su nueva tutoría, se cansaba con facilidad en las clases[106].

---

104 «Observa que el nombre del nuevo *cole*, aunque se pronuncia como el del otro, no se escribe igual: tiene una "e" al final» (C.S. LEWIS, *To Martin Kilmer. Magdalene College, Cambridge, 15/I/55*, en *The collected letters of C. S. Lewis*, vol. III, Harper Collins, San Francisco CA 2007, 605) [trad.].

105 C.S. LEWIS, *To Chad Walsh. Magdalene College, Cambridge, 3/12/55*, en *The collected letters of C. S. Lewis*, vol. III, 677 [trad.].

106 C.S. LEWIS *To Don Giovanni Calabria. Magdalen College, Oxford, Jan XIV, 1949*, en *The collected letters of C. S. Lewis*, vol. II, Harper Collins, Nueva York NY 2004, 905.

Además, la elaboración de *Las crónicas de Narnia* había consumido gran parte de su energía creativa. Por otro lado, se sentía algo descontento con el plan de estudios promovido por Cambridge, que daba mayor importancia a la literatura moderna y contemporánea en detrimento de la medieval y renacentista, su especialidad. Este enfoque lo hacía sentirse un académico relegado a un segundo plano. No obstante, sus dependencias se llenaban de alumnos ávidos de conocer su pensamiento y conversar con el autor de las historias de Aslan.

Sea como fuere, su traslado a Cambridge marcó el último capítulo significativo de su carrera académica y personal. Este período, aunque breve en comparación con su estancia en Oxford, estuvo lleno de logros profesionales, transformaciones personales y nuevos retos. A continuación, exploramos tres aspectos centrales de su vida en Cambridge: su actividad académica, su matrimonio con Joy Davidman y sus reflexiones finales.

1. Cátedra en Cambridge y legado académico

Dada la apatía que mostraba Lewis, sus propios alumnos decidieron contactar con el decanato de Cambridge para encontrar una solución. Las autoridades académicas, que ya habían considerado el asunto, aprovecharon la ocasión para llevar a cabo su plan: crear una cátedra exprofeso de inglés renacentista y medieval. Lewis se sintió honrado con el gesto, pues lo convertiría en el primer catedrático británico de dicha especialidad. Sin embargo, al principio rechazó la oferta, ya que implicaba trasladarse a vivir a Cambridge, algo que le resultaba complicado, dado que residía en Oxford, a unos 170 kilómetros de distancia. Para solventar este obstáculo, el decanato le ofreció un régimen excepcional: podría residir en Cambridge de lunes a viernes y regresar a Oxford los fines de semana. Con esta concesión, Lewis finalmente aceptó, y en enero de 1955, asumió su nuevo cargo.

Según la tradición, un catedrático debía impartir una conferencia inaugural en la que expusiera su línea de pensamiento. En el caso de Lewis, se esperaba que hablara sobre la evolución del inglés medieval y renacentista; sin embargo, optó por centrarse exclusivamente en este último período, pues él mismo sentía que había *renacido* en Cambridge[107]. El evento despertó un gran interés, y el paraninfo se llenó de asistentes venidos de todas partes, incluso de Oxford, donde un grupo de exalumnos que lamentaban su partida acudió a apoyarlo. Hasta la BBC llegó a considerar retransmitir la charla como reconocimiento a su colaboración con la emisora durante la Segunda Guerra Mundial[108].

El ambiente renovador de Cambridge reavivó el entusiasmo literario de Jack. Durante su estancia en la Universidad, publicó trece libros, entre ellos *Cautivado por la alegría* (1955), *Reflexiones sobre los salmos* (1958) y *Los cuatro amores* (1960). También concluyó *Las crónicas de Narnia*, escribió más de cuarenta artículos —recogidos en *El diablo propone un brindis* (1961) y *El peso de la gloria* (1980)— y publicó multitud de conferencias, editadas en *Dios en el banquillo* (1970). Este resurgimiento intelectual se vio complementado por

107 *Cf.* A. MCGRATH, *C.S. Lewis. Su biografía*, Ediciones Rialp, Madrid 2014, 288.

108 *Cf.* Ibid., 289.

una experiencia personal de suma importancia para él: su matrimonio con Joy Davidman.

2. Matrimonio con Joy Davidman

Helen Joy Davidman nació en Nueva York en 1915 en el seno de una familia judía no practicante. Su educación y lecturas tempranas la llevaron rápidamente al ateísmo y, más tarde, al comunismo; de hecho, se convirtió en una firme defensora de esta ideología en Estados Unidos, publicando obras como *Letter to a comrade* (1938) y *Anya* (1940). Por su creciente popularidad entre los círculos marxistas, despertó el interés de William *Bill* Gresham (1909-1962), con quien finalmente contraería matrimonio y tendría dos hijos: David y Douglas.

Debido a los problemas con su marido —Bill Gresham era alcohólico, mujeriego y violento—, Joy buscó consuelo en la religión: en primer lugar, en el judaísmo de sus padres; después, en el cristianismo. En ese contexto, leyó *Cartas del diablo a su sobrino* (1942), tras lo cual decidió bautizarse junto a sus hijos en la Iglesia episcopal. Impulsada, pues, por su reconocimiento hacia Lewis, gracias al que había abrazado la fe, inició una correspondencia con este que se mantuvo durante algunos años y a cuyo término decidió viajar a Inglaterra para conocerlo en persona.

Mucho se ha especulado sobre las verdaderas intenciones de Joy Davidman. Su hijo Douglas ha afirmado que ella se enamoró de Lewis antes de conocerlo personalmente y que se propuso adamarlo[109]. Y si este era su objetivo, lo logró: con el tiempo, consiguió entablar una

109 *Cf.* Ibid., 294.

relación con él y, finalmente, casarse. Este matrimonio, que J.R.R. Tolkien tildó de extraño [110], generó no pocas controversias en el entorno de Lewis. No obstante, él encontró en Joy una renovada alegría y escribió algunas de sus obras más íntimas, como *Mientras no tengamos rostro* (1956), que él consideraba su mejor libro[111].

En cualquier caso, el matrimonio terminó abruptamente en 1960 con la muerte de Joy como consecuencia de un cáncer de huesos. Para Lewis, esta pérdida fue devastadora. Ya había presenciado el sufrimiento de su madre a causa de la misma enfermedad, y ahora debía enfrentar el dolor de perder a su esposa[112]. Sumido en una profunda tristeza, pues, Jack nunca volvió a ser el mismo.

3. Reflexiones finales sobre la vida y la fe

La muerte de Joy no solo fue una pérdida demoledora, sino también un catalizador para un proceso de reflexión más profundo. Lewis plasmó este dolor en su obra *Una pena en observación* (1961). Este libro, que es tanto un grito de desesperación como un testimonio de esperanza, revela la tensión entre el intelecto y la

110 *Cf.* J.R.R. TOLKIEN, *A Christopher Bretherton, 16 de julio de 1964*, en *Las cartas de J.R.R. Tolkien*, Minotauro, Barcelona 1993, 520.

111 *Cf.* C.S. LEWIS, *To Meredith Lee. As from Magdalene College, Cambridge, 6 Dec. 1960*, en *The collected letters of C.S. Lewis*, vol. III, 1278.

112 «Cáncer, cáncer y cáncer. Mi madre, mi padre y ahora mi esposa. Me pregunto quién será el siguiente en la lista» (C.S. LEWIS, *Una pena en observación*, Anagrama, Barcelona 1994, 20).

emoción que caracterizó su vida. En él, Jack expone sin reservas sus dudas, su rabia y su tristeza, pero también la manera en que la gracia divina lo ayudó a encontrar sentido incluso en el dolor[113].

Además de sus reflexiones sobre el sufrimiento, los últimos años de Lewis en Cambridge también estuvieron marcados por su interés en la eternidad. En este sentido, en sus escritos finales, como *Cartas a Malcolm* (1964), exploró la naturaleza de la oración y su relación con el más allá. Estas obras reflejan a un hombre que, aunque profundamente marcado por las pérdidas terrenales, encontraba consuelo en la promesa de un destino eterno allende las fronteras de este mundo[114]. Y así, a pesar de la tristeza que impregnó esta etapa final de su vida, Lewis siguió comprometido con su misión como escritor y pensador cristiano. Su fe, lejos de tambalearse, se volvió más madura y arraigada. En un momento en el que otros podrían haber sucumbido a la desesperación, nuestro autor continuó siendo una voz que invitaba a sus lectores a buscar significado, consuelo y esperanza en Dios.

---

113 «Ella dijo, no dirigiéndose a mí, sino al sacerdote: "Estoy en paz con Dios". Y sonrió. Pero no me sonrió a mí. *Poi si tornò all'eterna fontana*» (C.S. LEWIS, *Una pena en observación*, 103).

114 «Me resultaría difícil entender cómo subsistiría el resto de mis oraciones, si fueran prohibidas las oraciones por los muertos. A nuestra edad, la mayoría de las personas que amamos han muerto. ¿Qué clase de relación con Dios podría tener, si lo que más amo no se lo pudiera mencionar a él?» (C.S. LEWIS, *Si Dios no escuchase (Cartas a Malcolm)*, Ediciones Rialp, Madrid 2020[5], 146).

El eco de estas reflexiones se puede rastrear asimismo en *Las crónicas de Narnia*, donde el sufrimiento y la esperanza se entrelazan de manera similar. Por ejemplo, en *La última batalla*, la destrucción de Narnia no marca el final definitivo, sino la entrada en un mundo más real y perfecto, simbolizando la eternidad prometida por la fe cristiana. Este concepto, tan presente en los últimos escritos de Lewis, refuerza la idea de que toda pérdida terrenal apunta hacia una redención mayor. Del mismo modo, los sacrificios de Aslan, que llevan a la restauración y la alegría de su pueblo, encuentran resonancia en las convicciones de Lewis sobre el propósito redentor del sufrimiento.

Estos años de Lewis en Cambridge, por ende, no solo lo definieron como un académico respetado, sino como un hombre que enfrentó el sufrimiento con valentía y encontró en la fe la fortaleza para perseverar hasta el final. En sus últimas reflexiones, Lewis dejó un legado de honestidad espiritual y esperanza que sigue resonando en sus lectores de todo el mundo. Pero será mejor que hagamos un análisis de ello en el siguiente capítulo de nuestro estudio.

Últimos años y muerte (1960-1963)

En latín existe una paremia que resume a las claras la enjundia de este capítulo: *Motus in fine velocior* (es decir, «cuando se acerca el final, los movimientos se precipitan»). En efecto, eso fue lo que ocurrió con C. S. Lewis en estos tres últimos años de su vida: se sucedieron tal cantidad de hechos que hoy, vistos desde la perspectiva que nos otorga el paso del tiempo, podemos entender que de algún modo estaban vaticinando su triste deceso. Es verdad que todo había comenzado con el fallecimiento de su esposa, pero muy rápidamente llegaron otros acontecimientos intempestivos que se sumaron a la desdicha y que aceleraron su propia muerte.

Uno de ellos tiene que ver tangencialmente con su matrimonio. Como dijimos en el capítulo anterior, Joy tenía dos hijos, David y Douglas, que Lewis, por supuesto, adoptó como propios. En principio, esto no debería haber presentado problema alguno, ya que nuestro autor siempre se identificó con los niños; sin embargo, él se sintió ya muy mayor cuando tuvo que lidiar con estos dos[115]. Para más inri, David no estaba en sus cabales y le causó a Jack más de un quebradero de cabeza. En concreto, parecía profesarle un odio atávico a Douglas, al que incluso procuró asesinar en múltiples ocasiones[116]. Lewis hizo lo posible para atemperar esta enemistad, e incluso sufragó un tratamiento médico para David, mas

115 *Cf.* C. S. LEWIS, *To Vera Gebbert, Magdalen College, Oxford, 23rd December 1953*, en *The collected letters of C. S. Lewis*, vol. III, Harper Collins, San Francisco CA 2007, 394.

116 *Vid.* https://www.firstthings.com/web-exclusives/2020/09/c-s-lewis-and-his-stepsons (consultado el 3 de junio de 2024).

no dio resultado, pues este terminaría muriendo en un sanatorio en el muy reciente año de 2014.

Otro evento que aceleró la muerte de Lewis fue ciertamente su propia enfermedad. En efecto, poco después del fallecimiento de Joy, nuestro escritor se vio asaltado por varias disfuncionalidades tanto en el corazón como en los riñones[117]. Por este motivo, y después de convalecer durante algunas semanas en el hospital, decidió resguardarse en su casa, de la que ya solo saldría para asistir a su parroquia los domingos. En aquella época, como es lógico, renunció a su cátedra universitaria, quizás uno de los momentos más duros de la vida del escritor: «Con pesar, pero por amor al *college*, [el profesor Lewis] considera oportuno renunciar a su cátedra en Cambridge»[118].

En torno a octubre de 1963, Warnie resolvió instalarse con su hermano. Gracias a esto, Lewis experimentó una leve mejoría, por lo que comenzó a levantarse y a dar pequeños paseos por la casa, y después, por el jardín. Le gustaba sobre todo aventurarse hasta los límites de la finca, donde comenzaba el bosque, pues se hacía la idea de que allí habitaban los protagonistas

117 «No pueden operar mi próstata hasta que no arreglen mi corazón y mis riñones, y parece que no pueden enderezar mi corazón y mis riñones hasta que no operen mi próstata. Estamos, por consiguiente, ante lo que un examinando, por error, llamó un "círculo viscoso"» (C.S. LEWIS, *To Francis Warner. The Kilns, Headington Quarry, Oxford, 6 Dec. 61*, en *The collected letters of C.S. Lewis*, vol. III, 1301-1302) [trad.].

118 W. HOOPER, *To Mary Willis Shelburne. The Kilns, Kiln Lane, Headington Quarry, Oxford, 10 August 1963*, en C.S. LEWIS, *The collected letters of C.S. Lewis*, vol. III, 1448 [trad.]

de sus lecturas infantiles. Era acompañado por Warnie en todo momento, ya que, debido al cansancio, corría el riesgo de desvanecerse repentinamente, y una caída de esa índole podría conllevarle una lesión severa, y conforme a su decrépito estado de salud, la muerte. A veces, hablaba con su hermano de los tiempos pasados, echándolos de menos y arrepintiéndose por no haber sabido aprovecharlos mejor: «Nuestras conversaciones gravitaban en torno a nuestra niñez, recordando vivencias de un pasado ya muy remoto al que Jack regresaba —caprichoso e ingenioso— una y otra vez. Nos comportábamos como cuando éramos pequeños y procurábamos apurar hasta las heces las vacaciones del verano. Únicamente cuando me acostaba, se cernía sobre mí el miedo: ¿lo encontraría vivo a la mañana siguiente?»[119].

El 22 de noviembre de 1963, los infaustos barruntos de Warnie se hicieron realidad. Aquel día comenzó como una jornada normal: desayunaron juntos, contestaron algunas cartas y trataron de resolver el crucigrama del periódico; sin embargo, Jack se sintió extremadamente cansado, por lo que resolvió subir a su alcoba —por aquel entonces, ya tenía permitido hacerlo— y descansar un rato. A las cuatro de la tarde, Warnie le llevó un té y lo encontró somnoliento, pero lo suficientemente espabilado para tomarse la bebida y charlar un poco con él: «Esa fue la última vez que hablamos. A las cinco y media, oí un golpe en su habitación y subí corriendo para saber qué había pasado: lo encontré tirado

119 W.H. LEWIS, *Memoir of C.S. Lewis*, en *Letters of C.S. Lewis*, C.S. LEWIS, *Letters of C.S. Lewis*, Harper Collins, Londres 2002, 49 [trad.].

en el suelo e inconsciente. Tan solo unos minutos después, dejó de respirar. La semana siguiente habría sido su cumpleaños número sesenta y cinco. En ese aciago instante, supe que jamás me ocurriría algo peor que aquello»[120].

Warnie quedó tan abatido por la muerte de su hermano que se negó a comunicar el sitio donde serían celebradas sus exequias, algo que explica la poca concurrencia[121]. Tuvo lugar el 26 de noviembre en la parroquia de la Santísima Trinidad de Oxford, la misma que el escritor había frecuentado durante sus últimos años de vida, y a ella solo asistieron sus hijastros y J.R.R. Tolkien, amén de unos pocos amigos más. Warren permaneció todo el día en la cama, ya que se sentía incapaz de contemplar el frío cadáver de su hermano; sin embargo, poco antes, había dejado escrito el texto que quería que coronase su epitafio: «Los hombres deben soportar el irse de aquí», es decir, la misma frase que mostraba el calendario el día en que Flora falleció y que Albert dejó en la pared como recuerdo inmarcesible de su partida.

A pesar de los estragos del tiempo y el dolor de la pérdida, Lewis nunca dejó de mirar hacia lo eterno. En sus últimos años, se apoyó más que nunca en la fe que había transformado su vida, viendo en cada prueba una preparación para el País del Gran León, como lo describió en *La última batalla*; allí, en palabras de Aslan, todo será más grande, más luminoso y más hermoso. Su muerte, pues, no fue el final de su legado, sino el inicio

---

120 Ibid. [trad.].

121 *Cf.* A. MCGRATH, *C.S. Lewis. Su biografía*, Ediciones Rialp, Madrid 2014, 323.

de una influencia perdurable que continúa inspirando a lectores de todo el mundo a buscar esperanza, redención y el consuelo de Dios.

II
NARNIA

En uno de sus ensayos, C. S. Lewis escribe acerca de la técnica de trabajo que siguió para elaborar *Las crónicas de Narnia*: «Para mí, el proceso de escribir un relato se parece al arte de observar pájaros: simplemente, veo imágenes. Algunas de estas, aun siendo dispares, tienen un elemento común que las ordena de algún modo; así que continúo mirándolas para descubrir cuál es ese hilo conductor. Si tengo suerte —nunca tuve tanta como cuando escribí *Las crónicas de Narnia*—, se estructuran por sí solas y forman una historia, sin necesidad de que yo intervenga; otras veces, empero (o al menos así lo he experimentado yo), debo hacerlo para cubrir las lagunas que han quedado entre las imágenes»[122]. Así pues, en esta introducción a la segunda parte de nuestro estudio, procuraremos encontrar el origen de aquellas escenas que fueron aposentándose en el magín del escritor y que con el tiempo devendrían en su saga literaria más famosa.

1. Primeras fuentes de inspiración

Como ya sabemos, C. S. Lewis fue un ávido lector de cuentos de hadas desde su niñez, por lo que resulta del todo lógico que su imaginación se fundamente primeramente en ellos. Por este motivo, consideramos necesario que pasemos como sobre brasas por las narraciones que lo encandilaron durante la infancia. En este sentido, tres son los autores que más lo marcaron.

122 C. S. LEWIS, *On three ways of writing for children*, en *Of other worlds*, Harcourt, San Diego CA 2002, 32 [trad.].

1.1. Beatrix Potter

Helen Beatrix Potter (1866-1943) fue una escritora, ilustradora, fabulista de literatura infantil y naturalista británica. Se convirtió en una de las principales escritoras de cuentos de principios del siglo XX gracias al estilo detallado de sus ilustraciones y sus relatos de corte costumbrista. Estos estaban protagonizados por animales antropomorfizados, como el conejo Perico o el gato Tomás, que vivían múltiples aventuras en un entorno fácilmente reconocible para cualquier niño inglés.

Como hemos estudiado en el apartado biográfico de nuestro estudio, uno de esos cuentos, *La ardilla Nogalina*, precipitó a Lewis al encuentro con la Alegría. Pero el escritor también se sirvió de estas lecturas para crear sus historietas de Boxen, donde los animales parlantes y los hombres convivían alegremente. Por supuesto, todo ello eclosionaría en *Las crónicas de Narnia*, donde niños y bestias comparten aventuras en el mágico País del Gran León.

1.2. Edith Nesbit

Una segunda lectura que probablemente se encuentre en el legendario imaginativo de nuestro autor es la obra de Edith Nesbit[123]. En sus memorias, Lewis la describe de la siguiente manera: «Me gustaban mucho *Cinco*

---

123 Edith Nesbit (1858-1924), escritora y poeta inglesa, conocida por ser una de las pioneras de la literatura infantil moderna. Es autora de obras como *Los chicos del ferrocarril* (1906), *Cinco niños y eso* (1902) y *El castillo encantado* (1907), que combinan elementos fantásticos con las aventuras cotidianas de niños en entornos realistas.

niños y eso, *El fénix y la alfombra* e *Historia de un amuleto*. Este último fue el que más hizo por mí, porque me abrió los ojos a la Antigüedad, "al pasado oscuro y al abismo del tiempo"»[124]. Esa influencia es patente en Narnia, que tiene mucho que ver con ese pasado remoto al que el escritor alude; pero hay un cuento que holló con más fuerza, si cabe, su imaginación: *The Aunt and Amabel*, aparecido en el recopilatorio *The Magic World* (1909)[125]. En él, una niña franquea el umbral de su armario para internarse en una ciudad de ensueño que está cubierta por el hielo; allí es recibida por el amistoso alcalde y por una plétora de conciudadanos que, de un modo u otro, parecían aguardar su venida.

Parece del todo claro que en este cuento se encuentra el hontanar del que bebe a espuertas *Las crónicas de Narnia*, especialmente *El león, la bruja y el armario*: en este, también una niña se interna en un mundo helado a través de las puertas de un ropero, se topa con un amabilísimo personaje —en su caso, el fauno Tumnus— y descubre que se llegada estaba siendo aguardada por todos. Incluso en lo que respecta a su significado más profundo, los textos comparten la idea de *transformación* o *iluminación*: en ambos libros, las protagonistas viajan a esos lugares fantásticos para experimentar una renovación interior que les permitirá afrontar con mayor sabiduría y fortaleza la realidad cotidiana. Al leer

124 C. S. LEWIS, *Cautivado por la alegría*, Ediciones Encuentro, Madrid 2008[3], 19.

125 Tanto el recopilatorio citado como el cuento en sí permanecen inéditos en España, de ahí que hayamos decidido mantener el título original; los otros tres relatos, en cambio, pueden ser encontrados fácilmente en nuestro país, por lo que hemos reflejado los nombres de sus traducciones respectivas.

esto, podríamos sospechar que C.S. Lewis copió a Nesbit a la hora de pergeñar su propia saga, pero él, al contrario, nunca ocultó ni su fascinación por ella ni la deuda literaria contraída con su obra; más bien, tomó esos elementos que tanto lo habían cautivado y los convirtió en algo profundamente suyo, dotándolos de una nueva dimensión espiritual y literaria que los inscribe en su propia cosmovisión imaginativa[126].

1.3. George MacDonald

Otra influencia es *Fantasías*, de George McDonald. A esta ya le hemos dedicado algunos renglones en la primera parte de nuestro estudio, pero juzgamos necesario volver a ella, porque sirvió de falsilla a nuestro autor en más de un aspecto. En primer lugar, en su argumento: el libro narra la historia de Ánodos, un joven que viaja al País de las Hadas, donde descubrirá que un espíritu perverso está asolando todo el territorio y al que él, como una suerte de mesías, deberá hacer frente; en su aventura, llegará a un castillo poblado por extrañas estatuas que cobran vida cuando nadie las ve, viajará al mundo subterráneo de los *kobolds* y navegará a la isla donde aquel espíritu maligno ha sido invocado por un par de hechiceros. Al final, cuando vuelva a su propia realidad, Ánodos descubrirá que, pese a todo el tiempo

---

126 «También yo adoro a Nesbit. Creo que he aprendido mucho de ella, sobre todo, su manera de escribir cuentos» (C.S. LEWIS, *To Lucy Matthews. The Kilns, Headington Quarry, Oxford, Sept 14th 1957*, en *The collected letters of C.S. Lewis*, vol. III, Harper Collins, San Francisco CA 2007, 940) [trad.].

que parece haber vivido en aquel mundo onírico, solo ha estado fuera unos pocos días.

Si repasamos el conjunto de la saga narniana, identificaremos en ella una ingente cantidad de paralelismos con *Fantasías*: Narnia como un trasunto del País de las Hadas (en ambos lugares, por cierto, el tiempo transcurre de un modo diferente a como lo hace en nuestro mundo); el castillo plagado de estatuas que cobran vida, que también aparece en *El león, la bruja y el armario*; el descenso al país de los *kobolds*, una prefiguración del mundo subterráneo de *La silla de plata*; la singladura de Ánodos, que nos recuerda irremediablemente a *La travesía del viajero del alba*, y, dejando otros tantos apuntes en el tintero, la conjuración del espíritu del mal por parte de dos hechiceros, escena que nos retrotrae a *El príncipe Caspian*. A pesar de ello, y tal como advertíamos con la obra de Nesbit, no debemos pensar que nuestro autor copió a George MacDonald, sino que lo homenajeó, porque *Las crónicas de Narnia* adquieren una idiosincrasia propia que la apartan notablemente de *Fantasías*; además, él nunca negó que esta fuera otra fuente de inspiración[127].

El segundo modo en que *Fantasías* influyó en Lewis radica en su enjundia. En efecto, George MacDonald reconoció que su libro trataba sobre la lucha entre el bien y el mal que cada hombre debe afrontar en su interior en orden a alcanzar su propia santidad[128]. En este sentido, pues, Ánodos —sepamos que este nombre

127 *Cf.* C.S. LEWIS, *To Mrs. Harold Steed. Magdalen College, Cambridge, 6/6/56*, en *The collected letters of C.S. Lewis*, vol. III, 760.

128 *Cf.* G. MACDONALD, *Preface*, en *A Dish of Orts* (1893).

significa literalmente «ascenso»— sería una encarnación de la persona que pugna por apartarse de su antiguo yo a fin de *ascender* al cielo. Por tanto, bajo el barniz de un simple cuento de hadas, el autor presenta una interesante disertación espiritual.

Con el tiempo, Lewis denominaría «teología de contrabando» a esta forma de entreverar el evangelio en los relatos de fantasía. A su juicio, el pueblo inglés estaba padeciendo a la sazón un desconocimiento religioso de órdago, por lo que él se empeñaría en reeducar a la sociedad, aunque de manera velada (recordemos que, antes de abordar *Las crónicas de Narnia*, C.S. Lewis había experimentado su «teología de contrabando» a través de la *Trilogía cósmica*, una serie de novelas que versan sobre un mundo preservado del pecado original); así lo declara en una de sus cartas: «Esta gran ignorancia podría ser una ayuda para la evangelización de Inglaterra: ahora se puede introducir cualquier cantidad de teología en la mente de los lectores bajo el antifaz de la fábula..., ¡y ello, sin que se den cuenta!»[129]. Por supuesto, y como veremos, esta noción recorre cada uno de los tomos de *Las crónicas de Narnia*.

2. Segundas fuentes de inspiración

Centrémonos ahora en las semillas imaginativas que germinarían de modo más directo en *Las crónicas de Narnia*, concretamente en lo que respecta a *El león, la*

129 C.S. LEWIS, *To Sister Penelope CSMV, Magdalen College, Oxford. July [August] 9th 1939*, en *The collected letters of C.S. Lewis*, vol. II, Harper Collins, Nueva York NY 2004, 262 [trad.].

bruja y el armario (en principio, Lewis solo concibió la idea de este primer volumen). Como hemos señalado arriba, el proceso de trabajo de nuestro autor consistía en hilar de algún modo las imágenes que concurrían en su cabeza; pues bien, Lewis refiere que, desde los dieciséis años, una escena específica rondaba su imaginación sin saber bien el porqué: un fauno caminando por la nieve con un montón de paquetes entre las manos, y al final del camino, una farola encendida[130]. Poco a poco, aquel cuadro fue poblándose de otros personajes que le confirieron cierta razón de ser, como los consabidos animales parlantes o incluso una misteriosa bruja blanca.

2.1. La Bruja Blanca

Respecto a los animales parlantes, creemos que ya han sido presentados de sobra en nuestro estudio, pero ¿de dónde procedía la imagen de aquella bruja blanca? Por aquel entonces, Lewis se había aficionado a la literatura de Hans Christian Andersen (1805-1875): *El patito feo*, *La sirenita*, *El traje nuevo del emperador*, etcétera. De todos ellos, empero, se sintió embargado por *La reina de las nieves* (1844), donde una maligna hechicera se mueve de un sitio a otro a bordo de un trineo tirado por caballos, envenena el corazón de un chico, y este, para ser liberado de tal conjuro, debe ser ayudado por su hermana. Sin duda, una reminiscencia directa que aparecerá más tarde en *El león, la bruja y el armario*.

130 *Cf.* G. SAYER, *Jack. A life of C.S. Lewis*, Crossway, Wheaton IL 1994, 312.

2.2. Aslan

Tiempo después, a Lewis le sobrevino la imagen de un león, que rápidamente añadió a aquella primigenia escena del fauno: «Llevaba varios días soñando con un león que se me acercaba y hablaba. No sé de dónde provino: simplemente, cuando lo hizo, dio unidad a toda la historia»[131]. Aunque no debemos dudar de las palabras del escritor, lo cierto es que este, por aquel entonces, había leído la novela filosófica *The Place of Lion*, de su amigo Charles Williams[132], donde dicho animal representaba uno de los arquetipos ideáticos de la doctrina de Platón. En cualquier caso, él asumió rápidamente la presencia del personaje y la añadió a esa escena que irrumpía de continuo en su cabeza.

Andando el tiempo, cierta coincidencia lo impulsó a bautizar como Aslan a ese felino que acababa de entrar en el cuadro: «Encontré el nombre de Aslan en *Las mil y una noches*: significa "león" en turco»[133]. Y aunque

---

131 C. S. LEWIS, *It All began with a picture...*, en *Of other worlds*, 42 [trad.].

132 Charles Williams (1886-1945) fue un escritor, poeta y crítico literario británico, miembro del grupo literario conocido como los Inklings, junto con C.S. Lewis y J.R.R. Tolkien. Su obra combina elementos de teología cristiana, simbolismo y lo sobrenatural, destacando sus novelas como *Descent into hell* y la mencionada *The place of the lion*, que exploran temas espirituales en contextos contemporáneos. También escribió poesía y ensayos sobre literatura y misticismo. Su enfoque único y su profunda fe cristiana marcaron su contribución a la literatura inglesa y su influencia en sus contemporáneos.

133 C.S. LEWIS, *To Carol Jenkins, Magdalen College, Oxford, 22nd January 1952*, en *The collected letters of C.S. Lewis*, vol. III, 160 [trad.].

pensaba que la escena ya estaba completa, aún le restaba saber cómo se llamaba aquel extraño lugar. Se han escrito ríos de tinta al respecto, pero una investigación reciente ha solucionado este enigma[134].

2.3. Narnia

En efecto, entre las posesiones de Lewis, destacaba un atlas medieval donde él subrayaba los topónimos que más le gustaban. Pues bien, uno de ellos es Narnia (en la actualidad, Narni), antigua ciudad italiana entre cuyos miembros más destacados se encuentra la beata Lucía Brocadelli (1476-1544). No está claro que Lewis se inspirase en esta última para crear a Lucy Pevensie, la entrañable heroína de sus aventuras, pero, en cualquier caso, la concomitancia es interpelante. Sea como fuere, ya había completado la escena: Narnia acababa de nacer.

3. Origen de *Las crónicas de Narnia*

Ante todo, debemos recordar que C. S. Lewis no concibió desde un primer momento el conjunto de la heptalogía narniana, sino solo la aventura correspondiente a *El león, la bruja y el armario*; sin embargo, como veremos más adelante, la presión editorial y aun su propio interés por continuar indagando en la saga lo empujaron a un desarrollo posterior. Los elementos imaginarios que hemos estudiado, sin embargo, estaban hirviendo de algún modo en su cabeza, por lo que la

134 *Cf.* A. MCGRATH, *C.S. Lewis. Su biografía*, Ediciones Rialp, Madrid 2014, 252.

espita de la creatividad estaba a punto de saltar. Y así fue como ocurrió.

3.1. Una niña inquisitiva

Una mañana de 1940, durante el desayuno, Lewis reveló su intención de escribir un cuento de hadas[135]. Al principio, sus amigos pensaron que se trataba de una broma, porque nuestro autor nunca había hecho algo parecido; además, las fábulas infantiles habían caído en franco desuso por aquel entonces, ya que la moda del momento exigía que los niños leyeran obras realistas y no pasto espiritual para la imaginación (de esta época, por ejemplo, data el *Sauce azul*, una novela sobre las desventuras de una niña durante la Gran Depresión norteamericana; o bien, *Visitors from London*, que narra la desgraciada historia de unos hermanos durante la guerra)[136]. Así pues, aquellos invitados trataron de disuadir a nuestro autor de su propósito, pero él ya había concebido la idea y estaba resuelto a acometerla. Solamente había un problema: necesitaba inspiración para llevarla a cabo.

Como por ese tiempo la capital de Inglaterra estaba siendo asediada por el Ejército nacionalsocialista, Lewis se había sumado al programa de evacuación de niños londinenses. En su casa de Oxford, pues, albergó a varios escolares, lo cual le permitió interactuar con ellos, organizarles juegos, mostrarles el jardín de la vivienda y aun leerles cuentos (probablemente, los mismos que a él le habían cautivado durante su infancia). Sin embargo,

135 *Cf.* Ibid., 251.

136 *Cf.* G. SAYER, *Jack*, 315.

entre aquellos colegiales había una niña de carácter inquisitivo que llamó su atención y que le hizo saltar la chispa que necesitaba: «Señor Lewis —le preguntó—, ¿podría entrar en el armario de mi habitación para saber qué hay dentro de él?»[137].

Aquella pregunta infantil actuó como el detonante de una historia que llevaba años gestándose en la cabeza de Lewis: de repente, las imágenes dispersas —el fauno en la nieve, la farola encendida, la bruja blanca, los animales parlantes— comenzaron a tener sentido. Por fin había contemplado el conjunto de la historia: «Cuando descubrimos que algo es correcto, todo lo demás encaja de manera natural, sin ser forzado ni presionado»[138]. Así pues, acababa de nacer *El león, la bruja y el armario*.

4. Descubriendo Narnia

C.S. Lewis terminó su cuento en las Navidades de 1948. No obstante, antes de enviarlo a la imprenta, decidió pedir la opinión de su amigo J.R.R. Tolkien, con la esperanza de obtener una respuesta positiva. Sin embargo, lo que siguió fue un crítico análisis por parte de Tolkien, cuyas palabras sorprendieron a Lewis, quien confiaba profundamente en su juicio. Este episodio fue el principio de una relación literaria más compleja entre ambos, marcada por la admiración, las diferencias ideológicas y, con el tiempo, un distanciamiento.

137 *Cf.* Ibid., 311.

138 A. MCGRATH, *C.S. Lewis. Su biografía*, 145.

4.1. La opinión de Tolkien

C.S. Lewis había ayudado a Tolkien en la gestación de la Tierra Media[139]. Por este motivo, pensó que, a la hora de presentarle el manuscrito de *El león, la bruja y el armario*, encontraría su aquiescencia. Sin embargo, y contra todo pronóstico, Tolkien le echó inmisericordemente el agraz en el ojo: dijo que el libro había sido escrito demasiado rápido y que no podía ampararse en imágenes o sueños irreflexivos; que era una amalgama inútil de mitologías inconexas que confundían al lector, y que la inclusión de Papá Noel no tenía ningún sentido en un mundo imaginario que nada tenía que ver con el cristianismo[140]. Por estas razones, no tuvo ningún reparo en espetar: «Narnia está fuera de mis simpatías»[141].

Para algunos autores, empero, J.R.R. Tolkien fue ciertamente injusto, porque atribuyen su reacción a la envidia que sentía por Lewis, ya que, mientras que este era capaz de firmar un libro en menos que canta un gallo, él requería de mucho más tiempo (por ejemplo, para rubricar *El señor de los anillos* se demoró la friolera

139 «La deuda —imposible de pagar— que tengo con Lewis no es la *influencia*, tal y como se suele comprender, sino el aliento: fue durante largo tiempo mi único auditorio; solo de él recibí por fin la idea de que "mis cosas" podían ser algo más que un simple entretenimiento personal. Si no hubiera sido por su ayuda y por su incesante preocupación, nunca habría terminado *El señor de los anillos*» (J.R.R. TOLKIEN, *A Dick Plotz Thain, 12 de septiembre de 1965*, en *Las cartas de J.R.R. Tolkien*, Minotauro, Barcelona 1993, 544).

140 *Cf.* G. SAYER, *Jack*, 312-313.

141 J.R.R. TOLKIEN, *De una carta a David Kol, SJ, 11 de noviembre de 1964*, en *Las cartas de J.R.R. Tolkien*, 529.

de doce años). Por otro lado, no debería de haberle sorprendido que C. S. Lewis comenzase sus historias a partir de sueños o imágenes que se agolpaban en su cabeza, porque él mismo reconoció en una misiva que había empezado *El hobbit* después de rasgar en una hoja de papel las palabras con las que comienza dicha novela[142]. Sea como fuere, conminó a nuestro autor a destruir el manuscrito.

4.2. Otros apoyos

C. S. Lewis tenía en tan alta estima la opinión de Tolkien que se sintió muy triste y desconcertado, especialmente porque él mismo dudaba de la calidad de su propia obra. Por suerte, otras personas le animaron a publicarla; entre ellos, Roger L. Green[143], que, según sus propias palabras, se arrobó ante su lectura. Este dato no es baladí, ya que precisamente ese amigo sirvió de acicate para la elaboración de los siguientes tomos: al preguntarle a Lewis sobre el origen del misterioso farol encendido en medio del bosque, nuestro autor comenzó a plantear

142 *Cf.* J.R.R. TOLKIEN, *Carta a W.H Auden, 7 de junio de 1955*, en ibid., 326.

143 Roger Lancelyn Green (1918-1987) fue un escritor, académico y crítico literario británico, conocido por su trabajo en la mitología y la literatura infantil. Estudió en Oxford y fue alumno de C. S. Lewis, con quien mantuvo una amistad cercana. Green se especializó en la reinterpretación de mitos y leyendas clásicas, publicando obras populares como *King Arthur and his knights of the round table* y *Tales of Ancient Egypt*. También fue biógrafo de Lewis Carroll y J.M. Barrie, destacándose por sus contribuciones al estudio de la fantasía y la narrativa juvenil. Su labor ayudó a revivir y preservar muchas leyendas tradicionales para nuevas generaciones.

El sobrino del mago, donde resolvería tal cuestión[144]. Aunque de ello hablaremos más adelante.

Cuando Lewis presentó su libro al editor, este puso su valía en tela de juicio, pues lo consideraba demasiado complejo para los niños de la época; es más, para disuadir de su empeño a nuestro autor, le pidió que escribiese al menos otros dos textos de la misma índole para conformar una saga[145]. Pero al empresario le salió el tiro por la culata, porque Lewis pensó que se trataba de un encargo formal, así que comenzó enseguida la segunda y la tercera parte de su cuento: respectivamente, *El príncipe Caspian* y *La travesía del viajero del alba*. Aquel, por tanto, tuvo que comerse sus propias palabras y sacar a luz *El león, la bruja y el armario*, aunque cruzó los dedos, para que al menos su número de ventas cubriera los gastos de impresión y distribución.

4.3. El ascenso al estrellato

Por desgracia, los infaustos vaticinios se hicieron realidad, ya que, cuando el cuento llegó a las librerías inglesas en otoño de 1950, fue todo un fracaso. Como dijimos arriba, por aquel entonces no estaban de moda los cuentos de hadas, sino las historias realistas dirigidas a los niños, por lo que nadie apostó un duro por este libro; de hecho, al principio fue comprado por muy poca gente y la crítica se cebó en él, ya que consideraba que adoctrinaba a los niños en la religión cristiana[146].

---

144 *Cf.* L.D. GONZÁLEZ, *Una magia profunda*, Ediciones Palabra, Madrid 2005[2], 91.

145 *Cf.* G. SAYER, *Jack*, 313.

146 *Cf.* ibid., 316.

Sin embargo, el boca a boca entre los lectores infantiles funcionó muy bien, tanto que a la postre se agotaron las existencias y los mismos padres solicitaron que se editaran más ejemplares: se acercaba la Navidad y ese libro sería un buen regalo para sus hijos. La crítica, pues, tuvo que retractarse y aquel editor escéptico reimprimió el libro, prometiendo asimismo que había dos nuevas aventuras en camino (a partir de entonces, se convirtió en costumbre publicar *Las crónicas de Narnia* en tales fiestas); eso sí, comprendiendo que había encontrado la gallina de los huevos de oro, pidió a Lewis que elaborase más fascículos, cosa que él hizo enseguida.

Efectivamente, en un alarde de inspiración literaria, C. S. Lewis concluyó toda la saga narniana en un tiempo récord. Y así, dejando a un lado *El príncipe Caspian* y *La travesía del viajero del alba*, que fueron entregados junto con *El león, la bruja y el armario*, rubricó sus continuaciones en tan solo unos meses: *El caballo y el muchacho*, a finales de 1950; *La silla de plata*, en marzo de 1951, y *El sobrino del mago* y *La última batalla*, antes del verano de ese mismo año[147]. Es verdad que estos dos volúmenes finales le requirieron mayor esfuerzo que los precedentes, porque pretendía alterar con ellos el tono infantil de la heptalogía: el primero, que eran sus memorias encubiertas, mostraba una madre moribunda; en cuanto al segundo, era un tratado sobre los últimos tiempos, y este era un tema muy oscuro para ser leído por un niño. De cualquier manera, aquel editor

147 *Cf.* C.S. LEWIS, *To Joan Lancaster. Magdalen College, Oxford, April 15th 1954*, en *The collected letters of C.S. Lewis*, vol. III, 455.

tuvo material suficiente para los siguientes seis años y Lewis fue encumbrado al estrellato.

Tolkien nunca vio con buenos ojos este éxito de Lewis, y a partir de aquí, de hecho, la amistad de entrambos descaeció a grandes trancos. Nuestro escritor procuró avenirse con él en todo momento y aun intentó explicarle el sentido del conglomerado mitológico que a aquel tanto le disgustaba: si el mundo de Narnia estaba poblado por seres de múltiples culturas, era gracias a la «conversación nocturna» que había mantenido con él y en la que había descubierto su teoría del mito verdadero; de este modo, y así como la verdad más absoluta es Jesucristo, y a este apuntaban todos los mitos de la Antigüedad, la razón por la que conviven en Narnia todos esos seres es porque representan la insaciable búsqueda de la verdad[148]. Sin embargo, y a pesar de todos estos intentos de conciliación, no logró cohonestarse con él.

4.4. El distanciamiento de Tolkien

El calvario de Tolkien aumentó a medida que fueron siendo publicados los sucesivos tomos de *Las crónicas de Narnia*, puesto que pensaba que Lewis, en realidad, le había plagiado algunas de sus ideas para el legendario de la Tierra Media[149]. En este sentido, por ejemplo, debemos reparar en que, ciertamente, el estanque mágico

---

148 «Todo artista genuino siente que toca verdades trascendentes y que sus imágenes son sombras de cosas vistas a través de un velo» (G.K. CHESTERTON, *El hombre eterno*, Cristiandad, Madrid 2011, 321).

149 *Cf.* A. MCGRATH, *C.S. Lewis. Su biografía*, 252.

del Ermitaño del Linde Meridional, que aparece en *El caballo y el muchacho*, tiene muchas similitudes con el espejo de Galadriel; o bien, que las poderosas sortijas de *El sobrino del mago* parecen extraídas directamente del Anillo Único. Pero, aunque las semejanzas entre ambos autores son más que evidentes, nosotros pensamos que la acusación de plagio por parte de Tolkien no tiene sentido, ya que Lewis siempre compartió con él sus progresos en cuanto a la formación de Narnia se refiere, algo que lo habría delatado de inmediato y que, consecuentemente, habría propiciado su rápido cambio; además, Lewis nunca ocultó la admiración que sentía por Tolkien, por lo que él habría juzgado como una traición el copiar sus ideas. Por todo ello, nosotros pensamos que esas similitudes que encontramos en *Las crónicas de Narnia* respecto a la obra de Tolkien son un homenaje de Lewis y no un mero calco[150].

Otro dato que nos revela hasta qué punto la admiración de Lewis por Tolkien superaba toda animadversión que este podría profesarle, nos lo refiere un estudio que ha salido a la luz recientemente. A finales de la década de los 40, nuestro autor había sido nombrado miembro de la Academia Británica; por tal motivo, en 1961, recibió una misiva de la Comisión del Nobel de Literatura con

---

150 Por otro lado, también debemos indicar que tanto Tolkien como Lewis bebían de un mismo manantial literario, la mitología nórdica, así que algunos paralelismos que aparecen en sus obras son referencias a esta última. El mayor ejemplo de esto son los anillos que aparecen tanto en Narnia como en la Tierra Media, unas sortijas claramente inspiradas en *El cantar de los nibelungos*, donde podemos leer que Sigfrido encuentra uno que lo vuelve invisible, pero que le acarrea multitud de desgracias.

el fin de nominar a un candidato para el premio de ese año. Pese a que los nombramientos particulares fuesen secretos, llegó a sus oídos que él mismo había sido preseleccionado, por lo que hizo lo posible para disuadir a sus electores, ya que no solo no se consideraba digno, sino que opinaba que había alguien que lo merecía más que él: Tolkien. Y es que, a su juicio, este había contribuido en mayor medida con *El señor de los anillos* a las letras universales que él con cualquiera de sus escritos. Desgraciadamente, Tolkien nunca fue consciente de esta maniobra de Lewis para allanarse con él, por lo que su amistad continuó quebrada hasta el final[151].

5. Comprendiendo Narnia

Narnia siempre fue concebida por su autor como un «universo imaginativo», que no imaginario. Para nosotros, esta diferencia carece de sentido, pero no para él, que la establece del siguiente modo: «Lo imaginario es

---

151 *Cf.* A. MCGRATH, *C.S. Lewis. Su biografía*, 317. Como curiosidad, aclaremos por qué Tolkien no recibió el Premio Nobel, pese al aval con el que contaba. En primer lugar, debemos puntualizar que los nombramientos, en efecto, son secretos, pero que estos permanecen así durante un período de cincuenta años; por tanto, en 2011, y debido a esta norma, fueron desclasificadas las candidaturas correspondientes a 1961. Gracias a ello, hemos podido conocer que fue la opinión de uno solo de los jueces la que dio al traste con las aspiraciones de Lewis: su nombre, Anders Österling (1884-1981), el crítico literario dominante en la academia sueca y a cuyo parecer *El señor de los anillos* no estaba a la altura de las grandes gestas épicas a las que pretendía emular (*vid.* https://www.theguardian.com/books/2012/jan/05/jrr-tolkien-nobel-prize).

algo falsamente imaginado, sin réplica en la realidad: es una realidad inventada, abierta a la ilusión y al engaño; lo imaginativo es algo producido por la mente humana cuando intenta responder a algo más grande que ella, buscando imágenes en la realidad»[152]. Por tanto, y a tenor de estas palabras, Lewis estaba vislumbrando a través de Narnia un «mundo imaginativo» en el que tuviera cabida un esclarecimiento de la realidad; más en concreto, un esclarecimiento de la realidad religiosa. Lo que el escritor entreveía, pues, no era un simple un cuento de hadas, sino una suerte de mito mediante el cual podría educar a sus lectores en la verdad del evangelio: «Cuanto más *imaginativa* sea una mitología, mayor será su capacidad de transmitirnos la realidad»[153].

En orden a comprender mejor la importancia del elemento imaginativo en *Las crónicas de Narnia*, dejemos que sea Lewis mismo quien nos lo aclare: «No es *exactamente* una representación de la historia cristiana narrada mediante símbolos; se trata más bien de una suposición: ¿qué habría ocurrido si un mundo como el de Narnia hubiese tenido que ser redimido por el Hijo de Dios?»[154]. Estas líneas son muy importantes para comprender el propósito de nuestro escritor, pues Narnia no es propiamente una representación de nuestro mundo —en toda la saga, aparece una y otra vez Londres,

---

152 C. S. LEWIS, *To Eliza Marian Butler. The Kilns, Headington Quarry, Oxford, Sept. 25th 1940*, en *The collected letters of C. S. Lewis*, vol. II, 445 [trad.].

153 Ibid.

154 C.S. LEWIS, *To Patricia Mackey, Magdalene College, Cambridge, 8 June 1960*, en *The collected letters of C. S. Lewis*, vol. III, 1157 [trad.].

a fin de hacerle entender al lector que ambos mundos coexisten en la realidad imaginativa de Lewis—, sino una realidad paralela que, empero, sirve de falsarregla para descifrar nuestra propia realidad. En este sentido, pues, conviene que nos acerquemos a cada uno de los personajes que pululan por este cosmos imaginativo.

5.1. Aslan, el Hijo del Emperador de Allende los Mares

En primer lugar, hablemos de Aslan. Como queda diáfanamente manifiesto en *El león, la bruja y el armario*, él es el Hijo de Dios —en este mundo imaginativo, Dios es conocido como el Emperador de Allende los Mares—, y al igual que en nuestro propio mundo, toma la carne de aquellos que habitan Narnia a fin de redimirlos: «La pasión y resurrección de Aslan es la misma que podría haber tenido el Hijo de Dios en un mundo como el de Narnia; es parecida a la pasión y resurrección de Cristo en nuestro mundo, pero no *exactamente* igual»[155]. Pero, por si nos quedara alguna duda acerca de esta identificación, Lewis nos la resuelve en una perspicua misiva: «¿Ha existido alguna vez alguien en este mundo que llegara al mismo tiempo que Papá Noel, que dijera que era hijo del Gran Emperador, que se sacrificara a sí mismo entregándose a unos malvados, para que lo insultaran y asesinaran por una falta que habían cometido otros, que volviera otra vez a la vida y a quien a veces se alude

155 Ibid., 1558 [trad.].

como cordero? ¿De verdad no sabes cómo llamamos a Aslan en este mundo? Piénsalo y dime tu respuesta»[156].

5.2. Jadis, la Bruja Blanca

Procedamos ahora al análisis de la antagonista por antonomasia de la saga narniana: la Bruja Blanca. En realidad, el verdadero nombre de la hechicera es Jadis, pero no debemos identificarla con Satanás, sino con alguien que ha sucumbido a su malévolo poder: «El hecho de que Jadis arranque la manzana es, como en el pecado de Adán, un acto de desobediencia; pero en ella no tiene la misma repercusión que en Adán, porque ya había sido seducida por el mal (mucho) antes de tomar el fruto»[157]. No obstante, las consecuencias de esta denostable acción sí repercutirán en Narnia, porque, a partir de ese momento, será derruido el muro que la protegía frente a la iniquidad. En este sentido, es revelador que Lewis haga descender a Jadis de Lilit, una figura legendaria que personifica el orgullo[158].

---

156 C.S. LEWIS, *To Hila Newman, Magdalen College, Oxford, June 3rd 1953*, en *The collected letters of C.S. Lewis*, vol. III, 334 [trad.].

157 C.S. LEWIS, *To Patricia Mackey, Magdalene College, Cambridge, 8 June 1960*, en ibid., 1158 [trad.].

158 Según la mitología judía, Lilit sería la mujer anónima que aparece en el primer relato de la creación (*cfr.* Gén 1,27); así pues, no habría sido extraída por Dios a partir de la costilla de Adán, sino del mismo lodo que había usado para formar a este último. En consecuencia, y dado que ambos compartían un mismo origen, Lilit pensaba que no debía someterse a Adán, por lo que, pronunciando el nombre mágico de Dios (*sic*), huyó al desierto, donde se unió a los gigantes y dio a luz a multitud de demonios (*cfr.* Is 34,14).

5.3. El papel de los niños

Los cuatro protagonistas infantiles de los libros son los hermanos Pevensie: Peter, Susan, Edmund y Lucy. Estos, en efecto, aparecen a lo largo de los siete volúmenes de *Las crónicas de Narnia*, bien como personajes principales, bien como reminiscentes. Cada uno de ellos simboliza de algún modo actitudes plasmadas en el Evangelio: la de Susan, por ejemplo, evoca la parábola del sembrador (*cfr.* Lc 8,5-15), pues en un primer momento acepta sin remilgos la amistad que le es ofrecida por Aslan, pero más tarde terminará por olvidarla en favor de los apetitos mundanos[159]; la de Edmund, la parábola del hijo pródigo (*cfr.* Lc 15,11-32), pues deja de ser un niño malvado y orgulloso para convertirse en testigo de la misericordia divina; Peter es un trasunto de san Pedro, a quien el Hijo de Dios constituyó pilar de la Iglesia y otorgó las llaves del reino de los cielos (*cfr.* Mt 16,18-19), y Lucy personifica el modo adecuado de asumir la buena nueva, pues se mantiene fiel a Aslan a pesar de las adversidades.

Además de los Pevensie, aparecen otros niños a lo largo de *Las crónicas de Narnia*: Eustace, que será un remedo de Edmund y que vivirá una suerte de conversión en *La travesía del viajero del alba*; Jill, protagonista de *La silla de plata*, que será una especie de *alter ego* de C.S. Lewis, pues padecerá en su colegio lo mismo que este padeció en las escuelas de su niñez; Digory y Polly,

159 Pese a ello, Lewis asegura que, si enmienda su conducta, aún puede acceder al reino de los cielos (*cfr.* C.S. LEWIS, *To Martin Kilmer. Magdalene College, Cambridge, 22/1/57*, en *The collected letters of C.S. Lewis*, vol. III, 826).

que serán los héroes de *El sobrino del mago*, y Shasta y Aravis, pareja protagónica de *El caballo y el muchacho*. La relevancia de estos y de los hermanos Pevensie es básica para acoger el significado de la saga, porque son una metáfora palmaria de las palabras de Jesús en el Evangelio: «En verdad os digo que, si no os convertís y os hacéis como niños, no entraréis en el reino de los cielos» (Mt 18,3).

5.4. El papel de los adultos

Pero si Lewis parafrasea a Jesús mediante esta alegoría literaria, es claro que los adultos encarnan la manera equivocada de vivir la buena noticia. Por esta razón leemos en *Las crónicas de Narnia* que las personas mayores son egoístas y desconfiadas, es decir, opuestas al mandato del Señor. En ocasiones, esta rivalidad es tan acusada que enfrenta abiertamente a los dos bandos: es el caso de *El sobrino del mago* y de *El príncipe Caspian*, donde los protagonistas deberán encarar la actitud hostil y violenta de los adultos. Aunque, por supuesto, hay excepciones, como el profesor Kirke: a pesar de sus años y de su obstinación en la lógica, es un hombre afable y comprensivo; gracias a este comportamiento, cree con firmeza en la palabra de Lucy cuando esta relata el hallazgo de Narnia y anima a sus hermanos a confiar en ella.

5.5. En conclusión

Narnia no es solo un espacio imaginativo, sino una profunda reflexión sobre la fe, la conversión y el poder redentor del sacrificio. A través de sus personajes y sus aventuras, Lewis logra transmitir verdades teológicas fundamentales, invitando a los lectores a explorar una realidad mayor que la que ven en su mundo cotidiano. *Las crónicas de Narnia*, por lo tanto, es un vehículo para enseñar y reflexionar sobre la fe cristiana, la moral y la redención, todo dentro de un universo imaginativo que refleja, a su manera, la profunda realidad del Evangelio.

6. Profundizando en Narnia

Las crónicas de Narnia no son simplemente cuentos de hadas. En ellas, el autor crea un universo donde la magia, la aventura y lo espiritual se entrelazan, invitando a los lectores a una experiencia que va más allá de la simple contemplación de un relato. Influenciado por su interés en la filosofía, Lewis desarrolla una atmósfera literaria única, donde las ideas sobre el tiempo, el espacio y el disfrute se reflejan en las historias que dan vida a Narnia. En este análisis, exploraremos cómo Lewis utiliza estos elementos filosóficos y astrológicos para dar forma a una saga que invita a una inmersión profunda en lo espiritual, lo simbólico y lo trascendental.

6.1. La filosofía de la contemplación y el disfrute

Adentrémonos en el prisma a través del cual debemos leer *Las crónicas de Narnia*. Inspirado por su interés en la filosofía, C.S. Lewis encontró en *Space, time and deity* (1920), de Samuel Alexander[160], una teoría clave

160 Samuel Alexander (1859-1938) fue un filósofo australiano-británico, conocido por su trabajo en metafísica y filosofía de la mente. Nacido en Sídney, Australia, Alexander estudió en la Universidad de Melbourne y luego en Oxford. Fue

sobre cómo el ser humano se relaciona con el entorno: a través de la *contemplación* y el *disfrute*. Según el filósofo, la *contemplación* implica observar de manera objetiva, tomando conciencia de las características cuantificables de un elemento (por ejemplo, la forma o el color de un abeto); el *disfrute*, en cambio, es la experiencia subjetiva que conmueve al observador, como el recuerdo de una Navidad evocada por ese mismo abeto. Para Alexander, ambas perspectivas son complementarias e indispensables para aprehender plenamente la realidad.

Lewis profundizó en esta idea en uno de sus ensayos: «Me encontraba hoy en el cobertizo a oscuras. Fuera resplandecía el sol y por la rendija superior de la puerta entraba uno de sus rayos. Desde donde yo me encontraba, el mentado rayo era sorprendente, pues estaba siendo atravesado por diminutas motas de polvo. Como todo lo demás estaba a oscuras, yo solo miraba el rayo, no las cosas iluminadas por él. Sin embargo, luego me moví hacia el rayo, para que este cayese sobre mis ojos; entonces dejé de ver el rayo y el cobertizo: lo que vi en su lugar, enmarcado por la rendija de la puerta, fueron las verdes hojas de los árboles mecidas por el viento, y a cientos de millones de kilómetros, el astro rey. Así me percaté de que mirar *el* rayo y mirar *con* el rayo son

también profesor en la Universidad de Manchester, donde desarrolló su obra más influyente, la mencionada *Space, time, and deity*, en la que expuso su teoría del emergentismo, sugiriendo que la mente emerge de lo físico de manera natural. Su pensamiento integró elementos de la filosofía idealista y realista, y su enfoque influyó en el desarrollo de la filosofía del siglo XX.

experiencias muy diferentes»[161]. Por tanto, observar un rayo de luz en un cobertizo («mirar *el* rayo») es distinto de situarse dentro del rayo y ver a través de él («mirar *con* el rayo»): el primero es un acto de *contemplación*; el segundo, de *disfrute*, que conecta al observador con algo mayor. Aplicando esta perspectiva a *Las crónicas de Narnia*, Lewis invita a los lectores no solo a *contemplar* sus libros como meros cuentos de hadas, sino a *disfrutarlos* de forma vital, integrándolos en su propia experiencia y reflexionando sobre las verdades espirituales que contienen[162].

Para lograr esta inmersión, el ambiente narrativo debe pasar casi inadvertido al lector, envolviendo a este de forma sutil[163]. En *Las crónicas de Narnia*, este ambiente combina la atmósfera de los cuentos de hadas con una fuerte influencia medieval. Por ejemplo, en *El león, la bruja y el armario*, la descripción de un

---

161 C.S. LEWIS, *Meditation in a Toolshead*, en *Essay Collection*, Harper Collins, Londres 2000, 607 [trad.].

162 Por ejemplo, en *El león, la bruja y el armario*, se narra el impacto que la mención de Aslan tiene en los personajes, evocando una experiencia de significado profundo que no puede ser explicado, solo sentido. De manera similar, en *El príncipe Caspian*, la descripción de la incomodidad de dormir al aire libre apela a vivencias comunes, haciendo que los lectores se identifiquen con las aventuras de los niños en Narnia. Estos momentos permiten al lector conectar con el texto de una manera que va más allá de la simple observación, transformándolo en algo personal.

163 «Para *disfrutar* plenamente de la historia, debemos rendirnos con la atención de un niño al ambiente de dicha historia» (C.S. LEWIS, *Edmund Spenser, 1552-1599*, en *Studies in medieval and renaissance literature*, Cambridge University Press, Cambridge 1966, 137 [trad.].

pabellón con laterales de seda amarilla, estandartes y un león rampante evoca un imaginario heráldico propio de la Edad Media, transportando al lector a un mundo lleno de magia y nobleza; o bien, en *La travesía del viajero del alba*, afirma que Narnia es un mundo liso, imagen que retrotrae al lector a la creencia medieval en la tierra plana[164]. Así, Lewis no solo narra una historia, sino que crea un espacio literario en el que los lectores pueden vivirla plenamente, disfrutando con el rayo de luz que atraviesa sus páginas.

6.2. La heptarquía planetaria

Este empeño de Lewis nos viene que ni pintado para presentar una hipótesis de última hora que nos invita a leer la saga narniana desde una perspectiva totalmente nueva: la heptarquía planetaria. Esta teoría, en efecto,

164 Lewis pretendía con ahínco que el lector se ubicase en la Edad Media, porque, a su parecer, la literatura de esta época aludía de continuo a Dios, aunque no fuera mencionado de forma expresa; era, por así decir, como la tésera que cohesiona y da sentido a toda la literatura medieval: «En las alegorías del medievo y en las mascaradas renacentistas [no como fiestas de disfraces, sino como género literario de origen italiano que tuvo mucho predicamento en la Inglaterra de los siglos XVI y XVII], Dios, si podemos decirlo sin caer en la irreverencia, aparece con frecuencia, pero siempre "de incógnito"» (C.S. LEWIS, *La alegoría del amor*, Ediciones Encuentro, Madrid 2015, 332). Por cierto, que Lewis sabía a la perfección que en el Medioevo no se creía que la tierra fuese plana —esto es un mito divulgado en la Edad Contemporánea para denostar la cultura cristiana de entonces—, pero aprovecha esta confusión que reinaba en su tiempo para sumergir al lector en esa «atmósfera medieval».

postula que los siete tomos de *Las crónicas de Narnia* están vinculados intencionalmente a sendos astros del sistema geocéntrico ptolemaico, que era el que regía la ciencia astrológica del Medioevo. Con esta conjetura, no pretendemos afirmar que C.S. Lewis defiende una cosmología precopernicana ni que propone como verdadera la antigua astrología de la Edad Media, sino que intentó recuperar el carácter simbólico del que gozaban entonces los planetas para producir en el lector esa «atmósfera literaria» a la que antes aludíamos. De este modo, *El león, la bruja y el armario* estaría vinculado a Júpiter; *El príncipe Caspian*, a Marte; *La travesía del viajero del alba*, al sol; *La silla de plata*, a la luna; *El caballo y el muchacho*, a Mercurio; *El sobrino del mago*, a Venus, y *La última batalla*, a Saturno.

Como veremos a lo largo de estas páginas, Lewis entrevera en cada uno de los volúmenes cierta nomenclatura que nos remite inopinadamente a los planetas bajo cuya sombra escribe, para introducirnos en la mencionada atmósfera que pretende generar: por ejemplo, como *El príncipe Caspian* está imbuido por el simbolismo de Marte, que en la mitología grecorromana era el dios de la guerra, toda la novela está salpicada por términos bélicos; o bien, como el sol inspira *La travesía del viajero del alba*, es un elemento ubicuo en toda la aventura (no en vano, el derrotero del navío tiene como fin el oriente, punto cardinal por el que cada mañana amanece dicho astro). Indagaremos en ello más adelante.

6.3. *Los planetas* (1935)

Para comprender en toda su hondura esta intención de Lewis, será mejor que recurramos a *Los planetas*, un extenso poema que el autor escribió precisamente cuando mayor atención prestó a la simbología planetaria medieval:

> Señora Luna, en canoa ligera,
> Por las desembocaduras y bajíos del inquieto país
> de las nubes
> Navega cada mes; con crisma de rocíos
> Y empapada de sueños, con un encanto lloviznado
> Nos embrujas con trampas, tornando a veces
> Una mente en locura, melancolía pálida,
> Blanqueada de tanto contemplar su rostro
> De orbe y atemporal. En el seno de la tierra,
> La lluvia de sus rayos, filos emplumados,
> Luz que llega descendiendo, madura la plata,
> Formando y creando brillos femeninos;
> Metal parecido a una doncella. Su húmedo círculo
> Está más cerca de la tierra.
> Después, más allá de ella,
> Mercurio marcha; descabezado trotamundos,
> Patrón de saqueadores. El descarado mercurio
> Su mirada engendra, mineral de duende,
> Multitud alegre de sí mismo, igual pero fundido.
> Desde las tinieblas del alma, con el caduceo envuelto,
> Palabras que él manda, guía y reúne; líder alegre
> De reunidas fantasías. Su pedernal ha encendido
> La chispa del habla desde la yesca del espíritu,
> ¡Señor del lenguaje! Él lleva para siempre
> La lentejuela y el esplendor, deporte que mezcla

En un parón sutil, el sonido con los sentidos,
Las palabras en matrimonio y enlaza, también,
La cosa con el pensamiento.
En la tercera región,
Venus viaja..., pero mi voz se quiebra;
Grosera rima que daña su belleza,
Cuyos senos y cejas, y la dulzura de su aliento,
Embruja mundos. Amplía el reino
De su centro secreto en las cavernas del mar,
En la hierba que crece y en el brotar del grano,
En el despliegue de la flor y en el anhelo de la carne,
Y en la lluvia que cae fuerte en abril.
El cobre metálico en la mina enrojece
Con brillo sordo, como de oro apagado
Por sus dedos formado.
Más allá de ella,
La carretera del cielo zumba y tiembla,
Tamborilea y vibra, por el trueno compulsivo
Del carro del Sol, cuya espada de luz
Daña y humilla; solo el ojo del águila
Lo vio. Cuando su flecha apunta,
A través de la mente del mortal, las nieblas se disipan
Y suave como la mañana, la melodiosa sabiduría
Respira sobre el pecho, ampliándose hacia el este,
Clara y sin nubes. En un cerrado jardín
(Desatada su carga) sus haces crían
El alma en secreto, donde el suelo coloca
Paradisíacas palmeras y fuentes puras,
Cambian y templan, transformando fríamente,
El común desgarbo en oro cordial;
Cuyo mineral también, en la base de la tierra,
Es impresión y presión de su orgulloso sello
En la cera del mundo. Él es el varón adorado,

El esposo de la tierra, contemplándolo todo,
Ojo químico supremo.
Pero otro país,
Negro por la discordia, resuena más allá de él,
Con ruido de timbales, relinchos de caballos
Y martilleos de arreos. Un dios altivo,
Marte mercenario, monta allí su campamento
Y enarbola su bandera; ostenta ridículamente
La belleza sin gracia, aguda y de mirada gris,
Rubia insolencia, de su rostro alegre,
Que es duro y feliz. Él talla el acto,
La acción indiferente, con su mazo
Y su cincel; no se alcanza el logro
Sin su ayuda; gladiador a sueldo
Del bien y del mal. Todo es uno para Marte,
El mal rectificado, la rescatada mansedumbre,
O la dificultad en las trincheras, con árboles astillados
Y pájaros proscritos, bancos repletos de oro
Y el mentiroso hecho señor. Como un trabajo manual,
Que les ofrece a todos, se gana sus salarios
Y silba mientras tanto. El terror de plumas blancas
Que Marte ha dominado. El hierro de su metal
Que fue golpeado atravesando las manos en la santa cruz,
Cruel carpintería. Él es frío y fuerte,
Hijo de la necesidad.
Suave respira el aire
Cálido y praderoso, mientras cabalgamos más allá,
Donde el ondulado resplandor gira sobre nosotros
Movido por la música; inmensurable la alegría
Y el júbilo de las olas. Es la órbita de Júpiter,
Llena y festiva, rápida en su viraje
Con arco ampliado. Desde las islas de Tin,

Los comerciantes tirios, por problemas de dirección,
Llegaron con sus cargas; el tesoro de Cornualles
Que su rayo madura. De la ira terminada
Y de los males reparados, del invierno pasado
Y la culpa perdonada, de la buena fortuna,
Júpiter es dueño; y del joco deleite,
La risa de las damas. Los de corazón de león,
Los de mente poderosa, hombres como dioses,
Auxiliadores y héroes, cabezas de naciones,
Justos y nobles, son hijos de Júpiter,
Trabajan sus milagros. En su amplia frente,
Calma y regia, ningún cuidado oscurece
Ni la ira se arruga; sino que el poder regio
Y el ocio y la generosidad, sus grandes
Esplendores lo envuelven: un manto rico
De alivio e imperio.
Mucho más allá,
Va Saturno silencioso por la séptima región,
Las faldas del cielo. Apenas crece la luz,
Enfermiza, incierta (el dedo del sol
Se acobarda con la oscuridad). La distancia nos daña
Y la bóveda severa del vasto silencio,
Donde la fantasía se nos quiebra y el justo lenguaje
Y el amor nos abandonan y la luz nos falta
Y Marte nos falla y la alegría de Júpiter
Es como el tintineo del estaño. Con andrajosa ropa,
Débil de tantos inviernos, camina para siempre
Un camino cansado y anchuroso, alrededor del cielo,
Encorvado y trastabillando, con un bastón a tientas,
El señor del plomo. Él es el último planeta,
Avejentado y feo. Su ojo engendra
Pálida pestilencia, dolor de envidia,
Remordimiento y asesinato. Melancólica bebida

(Para arruinar o bendecir) de amarga sabiduría
Él derrama para su gente, una leva peligrosa
Que el labio no ama. Dejamos todas las cosas
Para alcanzar el borde del redondo firmamento,
La reclusión del cielo, larga y solitaria[165].

En el análisis de los siete libros, pues, exploraremos la alegoría planetaria que subyace tras cada volumen y que hunde su raíz en los versos que acabamos de leer. Conviene señalar, además, que a cada planeta se asocia un metal, una conexión que no es fortuita, sino que responde a la atmósfera específica que el autor busca evocar en cada historia. Según los tratados alquímicos de la Edad Media, los diferentes astros ejercían una influencia mágica sobre los metales asociados a ellos: el oro, con el sol y Júpiter; la plata, con la luna; el mercurio, con su mundo homónimo; el cobre, con Venus; el plomo, con Saturno, y el hierro, con Marte. Aunque profundizaremos en estas correspondencias a medida que avancemos en el análisis, podemos adelantar un ejemplo: *La travesía del viajero del alba*, inspirado principalmente por el sol, está cargado de referencias al oro, no solo como un elemento físico, sino también como símbolo de luz, gloria y purificación. Así, Lewis utiliza estos elementos para crear una atmósfera que conecta lo mundano con lo celestial, reflejando el propósito alegórico y espiritual de la saga.

---

165 C.S. LEWIS., *Los planetas*, en *Mientras cae la ruina y otros poemas*, Ediciones Encuentro, Madrid 2018, 53-61.

6.4. Orden de lectura

Por último, cabe preguntarse en qué orden deberían ser leídas *Las crónicas de Narnia*. En abril de 1957, C.S. Lewis recibió una carta de un niño que confesaba disfrutar leyendo los libros según su cronología interna: *El sobrino del mago*, *El león, la bruja y el armario*, *El caballo y el muchacho*, *El príncipe Caspian*, *La travesía del viajero del alba*, *La silla de plata* y *La última batalla*. En su respuesta, Lewis señaló que el orden de lectura carecía de verdadera importancia, ya que él mismo no había escrito los libros siguiendo un esquema preestablecido[166]. Sin embargo, para este estudio seguiremos el orden de publicación, pues creemos que se ajusta mejor a la intención narrativa de Lewis: leer los libros según su cronología interna implicaría conocer a Aslan desde el principio, eliminando el carácter misterioso y sorprendente que su mención genera en los Pevensie en *El león, la bruja y el armario* (este impacto inicial es clave para la experiencia del lector, ya que refleja el descubrimiento progresivo de lo divino y lo maravilloso en el universo de Narnia). Por tanto, abordaremos la saga según su orden de publicación: *El león, la bruja y el armario* (1950), *El príncipe Caspian* (1951), *La travesía del viajero del alba* (1952), *La silla de plata* (1953), *El caballo y el muchacho* (1954), *El sobrino del mago* (1955) y *La última batalla* (1956).

---

166 *Cf.* C.S. LEWIS, *To Lawrence Krieg. The Kilns, Headington Quarry, Oxford, April 21st 57*, en *The collected letters of C.S. Lewis*, vol. III, 847.

El león, la bruja y el armario
(1950)

El león, la bruja y el armario narra cómo los hermanos Pevensie —Peter, Susan, Edmund y Lucy— descubren el mágico mundo de Narnia al atravesar un ropero encantado. Allí se enteran de que ese reino está sometido al dominio de la malvada Bruja Blanca, a quien deberán derrocar con la ayuda de Aslan, el Gran León. A lo largo de la historia, los niños no solo vivirán aventuras, sino que también enfrentarán sus propias debilidades, madurarán y cumplirán una profecía que los establece como monarcas de Narnia. Finalmente, cuando regresen a Londres, descubrirán que apenas han transcurrido unos minutos desde su partida; sin embargo, las experiencias vividas en aquel país los habrán transformado para siempre.

El objetivo que pretendía alcanzar Lewis con este libro resulta meridianamente claro: el anuncio del kerigma. Este es el nombre que recibe el mensaje esencial de la fe cristiana, es decir, la muerte y resurrección del Hijo de Dios (*cfr.* Hch 3,15). A lo largo de los siglos, esta buena nueva se ha acomodado a las circunstancias del momento y a los diversos contextos culturales, pero siempre ha mantenido intacta su enseñanza. Por este motivo, podemos decir que *El león, la bruja y el armario* es la manera en que nuestro escritor intentó transmitir esta verdad salvadora a los niños de su época[167].

---

167 *Cf.* C.S. LEWIS, *To Philinda Krieg. Magdalene College, Cambridge, 6/5/55*, en *The collected letters of C.S. Lewis*, vol. III, Harper Collins, San Francisco CA 2007, 602-603.

1. Desentrañando la novela

Con el propósito de enmarcar su particular kerigma, Lewis imagina una Narnia asolada por el invierno perpetuo, símbolo evidente de la esterilidad, la tristeza y el pecado (*cfr.* Salmo 107,10-12). Además, subraya que allí nunca se celebra la Navidad, por ser esta una imagen de la alegría y la esperanza, que estarán ausentes mientras dure la maldición de la Bruja Blanca. Este panorama refleja el estado de un universo sometido al poder del mal, como así es indicado por la Sagrada Escritura: «El mundo entero yace bajo el poder del maligno» (1 Jn 5,19).

1.1. Profecías de salvación

Por suerte, esta situación en la que ha caído Narnia no es definitiva, pues las viejas profecías apuntan a la llegada del Gran León, cuya sola presencia devolverá la justicia al país: «La injusticia verá su fin cuando Aslan vuelva por aquí; con su potente rugido, las penas habrán desaparecido; en cuanto sus colmillos muestre, el invierno estará herido de muerte, y cuando agite la melena, regresará la primavera» [168]. Por supuesto, dicho contexto mesiánico está inspirado de nuevo por la Sagrada Escritura, donde leemos versículos tan elocuentes como estos: «El pueblo que caminaba en tinieblas vio una luz grande [...]. Porque nos ha nacido un niño, se nos ha concedido un hijo; la soberanía reposará sobre sus hombros, y le

---

168 C.S. LEWIS, *El león, la bruja y el armario*, en *Las crónicas de Narnia. Obra completa*, Editorial Planeta, Barcelona 2006, 99.

serán dados estos nombres: consejero admirable, Dios fuerte, Padre eterno, Príncipe de Paz. Su soberanía y su paz se extenderán, y su reino no tendrá fin» (Is. 9, 1.5). Evidentemente, este pasaje es un anuncio de esperanza y restauración para nuestro mundo, y por ello encuentra su reflejo en el advenimiento de Aslan a Narnia.

En la Escritura también encontramos oráculos que preanuncian el modo en que tendrá lugar dicha salvación del género humano: mediante la muerte del Mesías (*cfr.* Is. 53, 1-12). Por esta razón, y aunque en la novela no presente un vaticinio explícito sobre el sacrificio de Aslan, Lewis incluye significativos detalles simbólicos que lo prefiguran: por ejemplo, el petirrojo que guía a los niños al principio del relato[169], o bien la mención fugaz a un pelícano entre los partidarios del león[170]. Según el romancero religioso de la Edad Media, estas aves están asociadas indefectiblemente a la pasión de Cristo, por lo que Lewis, que era un gran conocedor de las leyendas medievales, resolvió incluirlas en su escrito para insinuar con ellas el desenlace de la historia[171].

169 *Cf.* Ibid., 93.

170 *Cf.* Ibid., 114.

171 Respecto al petirrojo, debemos decir que, según las leyendas medievales, voló hasta la cruz de Cristo para arrancarle una espina de su corona y clavársela a sí mismo en el pecho (de ahí su color encarnado); en cuanto al pelícano, se pensaba que, a fin de saciar el hambre de sus polluelos, se picaba el cuerpo para darles a beber su propia sangre (una evidente alegoría eucarística).

1.2. La traición de Edmund

La traición de Edmund también refleja elementos bíblicos. Igual que Judas vendió a Jesús por treinta monedas (*cfr.* Mt 26,15), el muchacho se alía con la Bruja Blanca a cambio de unas simples viandas. A este respecto, es interesante destacar que ambos, desde el instante de su perjurio, buscan el chance oportuno para consumar su felonía; es más, el Evangelio especificará que el demonio avivó el ingenio de Judas para este propósito (*cfr.* Lc 22,3). Este último apunte no será desaprovechado por Lewis, quien, cuando describa la actuación de Edmund, dirá: «Tenía la expresión de alguien que ya ha estado con la bruja y que ha probado su comida»[172]. Sea como fuere, la delación de Edmund tendrá lugar finalmente en torno a una mesa y en plena sobre noche, simbolizando con ello el pasaje de la última cena.

Como sabemos, poco después de su traición, Judas se arrepintió y se ahorcó, pero Lewis dice que podría haberse salvado, si le hubiera manifestado esa contrición a Jesús: «Edmund, al igual que Judas, es un traidor y un soplón. Sin embargo, a diferencia de este, él se arrepintió y es perdonado, como sin duda Judas habría sido perdonado si él también se hubiera arrepentido»[173]. Por tanto, Edmund, que encarna al Iscariote, representa asimismo la gracia que este habría obtenido, si su orgullo no le hubiera impedido acercarse a Jesús e impetrarle su

---

172 C.S. LEWIS, *El león, la bruja y el armario*, en *Las crónicas de Narnia. Obra completa*, 101.

173 C.S. LEWIS, *To Patricia Mackey, Magdalene College, Cambridge, 8 June 1960*, en *The collected letters of C.S. Lewis*, vol. III, 1157 [trad.].

misericordia. Como vimos arriba, además, al ser depositario de esta benevolencia del león, el muchacho se convierte en uno de sus más acérrimos luchadores e incluso ejerce esa misma bondad con quienes se ven necesitados de ella; y es que, parafraseando el Evangelio, ama mucho, porque mucho le ha sido perdonado (*cfr.* Lc 7,47).

1.3. La muerte de Aslan

Centrémonos ahora en la muerte del Gran León. Cuando la Bruja Blanca reclama la vida de Edmund, conjura para ello el poder de la Magia Insondable, una ley universal, inscrita en la Mesa de Piedra, que rige los destinos de Narnia. Esta normativa, a la que Lewis atribuye un paralelismo claro con los diez mandamientos[174], postula que la transgresión de un hombre convierte a este en culpable y, por ende, en propiedad del mal (*cfr.* Rom 6,23). Por esta razón, al haber infringido con su traición esa suerte de decálogo, Edmund queda sujeto al castigo de la bruja; de no ser así, y como ella misma indica, toda Narnia perderá pie, ya que sus pilares se sustentan precisamente sobre dichas reglas morales[175].

Así pues, sin violar dichos mandamientos, Aslan se ofrece como sustituto de Edmund: él sabe que, actuando de ese modo, se activarán los resortes de la Magia Más Insondable, una ley anterior a la primera y en cuyas cláusulas se establece que la entrega voluntaria de un inocente puede redimir al culpable. De este modo, la oblación de Aslan es paralela a la de Cristo, que derroca

---

174 *Cf.* Ibid., 1158.

175 *Cf.* C.S. LEWIS, *El león, la bruja y el armario*, en *Las crónicas de Narnia. Obra completa*, 119.

el poder del pecado mediante su propia muerte inocente. Y el hecho de que esta muerte acontezca en la Mesa de Piedra y no en una cruz tiene igualmente su significado simbólico: «La Mesa de Piedra es una imagen de las tablas de la ley, que fueron quebradas por la crucifixión del Señor en aras de nuestra propia salvación: estábamos sometidas a la maldición que ejercían sobre nosotros, y él nos liberó»[176].

1.4. La resurrección de Aslan

En cualquier caso, tras su sacrificio, Aslan resucita al amanecer, como Cristo en el Evangelio (*cfr.* Jn 20,1). Testigos directos de este prodigio son las niñas protagonistas, que lo han acompañado durante su martirio, como las mujeres asistieron a Jesús durante su pasión y como, en consecuencia, tuvieron la dicha de verlo en primer lugar cuando hubo recobrado la vida. A este respecto, es interesante señalar la correspondencia que Lewis establece entre la aparición del Señor a María Magdalena y la de Aslan a las niñas, pues ni aquella ni estas son capaces de identificarlos, ya que piensan que se trata de un fantasma o de otra persona (*cfr.* Jn 20,15). Este temor, por cierto, recorrerá varios pasajes de la Biblia (*cfr.* Lc 24,37); y así como Cristo hace lo posible para convencer de su resurrección a los discípulos —come con ellos, permite que le toquen las llagas,

176 C.S. LEWIS, *To William L. Kinter. Magdalen College, Oxford, July 30/54*, en *The collected letters of C.S. Lewis*, vol. III, 497 [trad.].

etcétera—, Aslan se dejará acariciar por Susan y Lucy con idéntico propósito[177].

En todo caso, con su resurrección, Aslan recibe autoridad para derrotar a la Bruja Blanca, similar a la autoridad que Cristo mismo recabó para sí en el Evangelio y que luego confirió a sus discípulos (*cfr.* Mt 28,18-20). Por esta razón, los narnianos fieles, liderados ahora por el rey Peter —trasunto evidente del primer pontífice—, simbolizan la primera comunidad de creyentes, capacitada por Jesús para la lucha espiritual contra el demonio (*cfr.* Mc 16,17). En este sentido, presenciamos al final del libro una batalla entre el ejército del bien y las hordas del mal, es decir, entre la Iglesia y el diablo; y aunque las fuerzas de entrambos contendientes parezcan equilibradas, dicha guerra se saldará, no obstante, con la intervención divina de Aslan: este, al devorar a la Bruja Blanca, pondrá fin a su reinado y reestablecerá la justicia en Narnia.

1.5. El Ciervo Blanco

Al final del relato, los hermanos Pevensie, convertidos ya en Reyes y Reinas de Narnia, intentan cazar al Ciervo Blanco, un animal que, conforme a la tradición del país, concede sus deseos a quienes lo capturen[178]. Este detalle no nos puede pasar inadvertido, porque se trata de un elemento cristológico muy presente en la iconografía medieval. Además, y como recordaremos de nuestro análisis biográfico del escritor, él se sentía fascinado por

---

177 *Cf.* C.S. LEWIS, *El león, la bruja y el armario*, en *Las crónicas de Narnia. Obra completa*, 125.

178 *Cf.* Ibid., 132.

uno de esos animales, que podía ver desde la ventana de su despacho en el Magdalen College de Oxford.

Según la tradición iconográfica del Medievo, el Ciervo Blanco se asocia con lo divino, lo sublime y lo inalcanzable; pero también se vincula a la pasión de Cristo. En varias representaciones medievales, el ciervo aparecía como el animal sacrificial por excelencia, y su color albo denotaba la pureza y la inocencia de Cristo antes de su muerte en la cruz. En este sentido, la persecución del Ciervo Blanco por parte de los niños podría simbolizar la fascinación y el deseo humanos por lo puro, por lo sagrado, que acaba siendo inalcanzable en su plenitud.

2. La influencia de Júpiter

Júpiter es el planeta más importante para la astrología medieval: por llevar el nombre del padre de todos los dioses, se asociaba con la autoridad, la realeza y la justicia. De este modo, y según la creencia de entonces, regulaba el equilibrio entre las esferas celestes e influía en el orden cósmico y social. Veamos cómo nuestro escritor alude a él en su poema *Los planetas*:

> Suave respira el aire
> Cálido y praderoso, mientras cabalgamos más allá,
> Donde el ondulado resplandor gira sobre nosotros
> Movido por la música; inmensurable la alegría
> Y el júbilo de las olas. Es la órbita de Júpiter,
> Llena y festiva, rápida en su viraje
> Con arco ampliado. Desde las islas de Tin,
> Los comerciantes tirios, por problemas de dirección,
> Llegaron con sus cargas; el tesoro de Cornualles

Que su rayo madura. De la ira terminada
Y de los males reparados, del invierno pasado
Y la culpa perdonada, de la buena fortuna,
Júpiter es dueño; y del joco deleite,
La risa de las damas. Los de corazón de león,
Los de mente poderosa, hombres como dioses,
Auxiliadores y héroes, cabezas de naciones,
Justos y nobles, son hijos de Júpiter,
Trabajan sus milagros. En su amplia frente,
Calma y regia, ningún cuidado oscurece
Ni la ira se arruga; sino que el poder regio
Y el ocio y la generosidad, sus grandes
Esplendores lo envuelven: un manto rico
De alivio e imperio.

A lo largo de sus versos, Lewis destaca dos características del planeta Júpiter: la majestad y el júbilo, atributos que están irremediablemente vinculados entre sí. En efecto, el dios Júpiter (o Zeus) era venerado en la Antigua Roma como el protector de la Urbe y, por tanto, de él dimanaban la autoridad, las leyes, la justicia y el orden social, elementos que conducen forzosamente a la dicha de los ciudadanos; por esta razón, Lewis recoge en *Los planetas* palabras tales como «alegría», «jovial», «risas», «festivo», etcétera; pero también expresiones como «mente poderosa», «cabeza de naciones», «poder regio», «grandes esplendores» y «manto rico». Es evidente que Lewis retoma esta vinculación entre ambas ideas para *El león, la bruja y el armario*, porque aplica dichas cualidades a Aslan, encarnación tanto de la soberanía universal como de la felicidad del hombre.

2.1. La majestad de Júpiter en Aslan

Ciertamente, Júpiter es el rey del panteón grecorromano, ya que su imperio se extiende por encima de los otros dioses; por este motivo, en su poema *Los planetas*, Lewis lo describe del siguiente modo:

> En su amplia frente,
> Calma y regia, ningún cuidado oscurece
> Ni la ira se arruga; sino que el poder regio
> Y el ocio y la generosidad, sus grandes
> Esplendores lo envuelven: un manto rico
> De alivio e imperio.

Esta imagen se ajusta perfectamente a Aslan, el rey divino de Narnia; de hecho, en la novela vemos cómo su altísima dignidad provoca en los niños un sobrecogimiento reverencial: «Cuando intentaron mirar el rostro de Aslan, solo vislumbraron la dorada guedeja y los enormes, regios, solemnes y sobrecogedores ojos; no podían mirarlo sin dejar de temblar»[179]. Es probable que, para la redacción de esta significativa escena, Lewis recurriese a los mismísimos textos clásicos, pues, por ejemplo, el rétor Cicerón alude al dios Júpiter de la siguiente manera: *numen praestantissimae mentis*, es decir, «la sobrecogedora presencia de una mente suprema»[180].

---

179 Ibid., 114.

180 *De natura deorum* II, 66. Cicerón no solo describe a Júpiter como el dios supremo, sino como la encarnación de la razón divina o el *numen* de la mente más excelente (*praestantissima mens*).

2.2. El júbilo de Júpiter en Aslan

En *Los planetas*, Lewis presenta a Júpiter como la fuente del júbilo humano (no en balde, ambas palabras comparten una misma raíz): es el autor «de los males reparados» y «del invierno pasado». Pues bien, Aslan refleja este mismo señorío: su llegada disipa el invierno perpetuo de Narnia y da paso a la primavera, que es el epítome de la alegría. Además, Júpiter es «valedor de la ira terminada» y «de la culpa perdonada», atributos que identificamos igualmente en Aslan, ya que condona el odio de Edmund por sus hermanos para transformarlo en un hombre nuevo. Por último, Júpiter también es procurador de «la risa de las damas», rasgo que igualmente puede ser concedido a Aslan, ya que, cuando este resucita, produce la felicidad de Susan y Lucy.

En esta escena de la resurrección de Aslan, podemos entrever también una reminiscencia del poema *Los planetas*, concretamente donde dice: «Suave respira el aire/ Cálido y praderoso, mientras cabalgamos más allá». En efecto, Lucy y Susan cabalgan asimismo a lomos del león y contemplan el siguiente paraje: «Corre y corre, sin perder el equilibrio jamás, sin una vacilación, deslizándose por entre los troncos de los árboles con absoluta destreza, saltando por encima de arbustos y zarzas, y de los arroyos más pequeños, en tanto que vadea los cursos de agua de mayor tamaño y cruza a nado el más grande de todos»[181]. La vinculación entre Júpiter y Aslan, pues, resulta palmaria.

181 C. S. LEWIS, *El león, la bruja y el armario, en Las crónicas de Narnia. Obra completa*, 126.

2.3. El oro como símbolo de Júpiter

En la alquimia medieval, Júpiter estaba asociado con el oro, el metal precioso que simbolizaba la perfección, la inmortalidad y la luz divina. Este simbolismo se refleja en la descripción de Aslan, cuya dorada melena y su presencia luminosa llenan de esperanza a Narnia[182]. Por otro lado, el oro es también un emblema de incorruptibilidad, una cualidad esencial tanto para los reyes como para Cristo, el Rey eterno; así pues, al igual que Júpiter reina en los cielos, Aslan ejerce su soberanía como un rey benevolente, irradiando fortaleza y esperanza.

Sin embargo, para la alquimia, el oro también se relacionaba con la restauración y la abundancia. Por este motivo, en *El león, la bruja y el armario*, toda la terminología áurea simboliza de algún modo el regreso de un tiempo de justicia y de prosperidad bajo el liderazgo de Aslan. De esta forma, podríamos decir que ese uso deliberado del oro por parte de Lewis conecta con la mencionada tradición alquímica, para que el lector vislumbre la meta suprema a la que debe aspirar: la transmutación del alma hacia la perfección.

2.4. Justicia y soberanía compartida

Según la tradición medieval, Júpiter es el principio de justicia que regula la vida social y asegura la armonía cósmica. Pues bien, en Narnia, esta justicia recae sobre Aslan, quien, sin embargo, no la retiene para sí, sino que la comparte con quienes le han sido leales: en primer lugar, con Edmund, el cual, al haber experimentado

---

182 *Cf.* Ibid., 114.

en su propio ser la misericordia del león, se convierte precisamente en el monarca más justo de los cuatro[183]; pero, en segundo lugar, con los otros Pevensie, que se verán igualmente beneficiados con diversas cualidades que los capacitarán para gobernar Narnia con sabiduría y equidad. Este dato es muy importante en orden a entender plenamente los siguientes versos de *Los planetas*: «Los de corazón de león, los de mente poderosa, hombres como dioses, auxiliadores y héroes, cabezas de naciones, justos y nobles, son hijos de Júpiter». Así pues, los Pevensie no son monarcas por méritos propios, sino administradores bajo la soberanía del Gran León.

Para apuntalar esta idea en la mente del lector, C. S. Lewis recurre a un intrincado juego de palabras. El nombre del castillo donde los Pevensie son coronados es Cair Paravel. Según Lewis, en efecto, este término combina *cairn* («lugar amurallado») y *paravail* («subarrendatario»)[184]. Así pues, Cair Paravel significaría «el castillo subarrendado», dejando claro que la autoridad de los Pevensie es derivada. Como subarrendatarios del auténtico rey, ejercerán su cargo de manera correcta solo si imitan a Aslan, el soberano por derecho propio (*cfr.* Mt 18,21-35).

3. Otros datos de interés

A la hora de escribir esta novela, C. S. Lewis no tenía muy claro el porqué de una farola encendida en medio de un bosque nevado; como arriba indicamos, se trataba de una escena que rondaba su mente. Sin embargo,

183 *Cf.* Ibid., 132.

184 *Cf.* M. WARD, *El planeta Narnia*, CEU, Madrid 2022, 116.

y a raíz de aquella connotación teológica de la que fue revistiendo el relato, descubrió que tenía un significado más hondo: la luz. Esto también le ayudó a crear el nombre del personaje principal: Lucy.

3.1. Lucy, la luz de Narnia

En efecto, la luz adquiere un papel preponderante en esta novela; y no solo la luz, sino también quienes dan testimonio de ella. Es por ello por lo que Lewis recoge el simbolismo de la luz a través de dos imágenes muy significativas: por un lado, el farol permanentemente encendido, que se halla en los límites de Narnia y que pasa desapercibido para la mayor parte de sus habitantes; por otro lado, la irrupción de Lucy, cuyo nombre deriva del término latino *lux*, es decir, «luz». Ambas imágenes se enraízan indudablemente en el Evangelio.

Ciertamente, leemos en la Escritura: «La vida era la luz de los hombres. Y la luz brilla en la tiniebla, y la tiniebla no lo recibió. Surgió un hombre enviado por Dios [...]: este venía como testigo, para dar testimonio de la luz, para que todos creyeran por medio de él» (Jn 1,4-7). El farol, pues, es un símbolo claro de esa iluminación que Narnia necesita, pero Lucy, al mismo tiempo, es una testigo cualificada de dicha luminaria: ella hablará a sus hermanos del mundo mágico y los llevará hasta él (*cfr.* Jn 1,45-46).

3.2. La cuestión de Papá Noel

Es necesario concluir nuestro análisis con la figura de Papá Noel, un personaje del que Lewis no quiso prescindir, pese a que suscitase el disgusto del mismísimo

Tolkien. Es verdad que hoy, para nosotros, se trata de un mero emblema comercial, pero no es menos cierto que su origen es netamente cristiano[185]. En la novela, Papá Noel expresa a los Pevensie que, antes de la llegada de Aslan, ni siquiera podía acercarse a Narnia, porque esta estaba sometida al poder de la Bruja Blanca; sin embargo, ahora que se aproxima el Gran León, es capaz de hacerlo y difundir su felicidad entre los habitantes del país.

Todo apunta a que Lewis pretende devolverle la dignidad perdida a Papá Noel, porque este retoma aquí su función originaria, es decir, anunciar con su presencia el advenimiento de Jesucristo[186]. Ya en la misma novela, quizás podamos intuir su propósito, pues escribe lo siguiente: «Algunos de los dibujos de Papá Noel en nuestro mundo le dan un aspecto divertido, pero ahora que los niños lo veían de verdad no les pareció exactamente así. Era tan corpulento, parecía tan radiante y tan real que se quedaron sobrecogidos. Se sintieron muy felices, pero también embargados por la solemnidad»[187]. Por tanto, para C.S. Lewis, Papá Noel no es un mero símbolo comercial, sino la señal ineludible del anuncio dichoso de la venida de Jesucristo.

---

185 En efecto, Papá Noel se inspira remotamente en el obispo san Nicolás de Bari (*c.* 270-343). Este, según la tradición, entregaba regalos a los pobres el día de Navidad para conmemorar el nacimiento de Cristo.

186 La concomitancia es más elocuente si tenemos en cuenta que, en el Reino Unido, Papá Noel es conocido como Father Christmas, es decir, Papá Navidad (*cf.* L.D. GONZÁLEZ, *Una magia profunda*, Ediciones Palabra, Madrid 2005[2], 119).

187 C.S. LEWIS, *El león, la bruja y el armario*, en *Las crónicas de Narnia. Obra completa*, 108.

EL PRÍNCIPE CASPIAN (1951)

El príncipe Caspian narra el regreso de los hermanos Pevensie a Narnia, donde descubren un país sumido en el caos tras siglos de dominio telmarino. Guiados por el cuerno mágico de Susan, los Pevensie se unen al joven Caspian para liderar la resistencia contra el tirano Miraz, que ha usurpado el trono del País del Gran León. La historia combina aventuras, batallas y redención, culminando en la restauración de la justicia bajo el liderazgo del legítimo rey de Narnia.

Esta novela —la segunda en ser publicada, pero la cuarta conforme al orden cronológico interno— aborda temas como la fe y la perseverancia, amén del enfrentamiento entre el bien y el mal. Lewis quiso presentar en ella un mundo fuertemente secularizado, porque es el que él mismo estaba viviendo en la Inglaterra de aquel entonces[188]. Por tal motivo, decidió ubicar la historia de *El príncipe Caspian* un milenio después de los acontecimientos narrados en el primer tomo, es decir, tras un periodo de tiempo lo bastante largo para que los propios narnianos hubiesen convertido la redención de Aslan en una mera leyenda[189].

Aunque todas *Las crónicas de Narnia* estén contextualizadas en el Medioevo, esta novela lo refleja en mayor medida. Desde pequeño, y como sabemos, a C. S. Lewis le había apasionado la Edad Media y el ideal caballeresco, pero nunca había tenido la oportunidad

188 *Cf.* C.S. LEWIS, *To Anne Jenkis (Queen's University, Belfast. As from Magdalene College, Cambridge,5 March 1961*, en *The collected letters of C.S. Lewis*, vol. III, Harper Collins, San Francisco CA 2007, 1245.

189 *Cf.* C.S. LEWIS, *To Sophia Storr. The Kilns, Headington Quarry, Oxford, 24 Dec. 1959*, en ibid., 1113.

de escribir ningún relato al respecto. La oportunidad, pues, le llegó con este cuento, sobre el que quiso volcar todo ese prurito que tanto lo acuciaba.

1. Desentrañando la novela

En opinión de C.S. Lewis, la fe posee dos dimensiones interrelacionadas: por un lado, la *creencia* misma, que implica aceptar la doctrina del Evangelio; por el otro, la *fortaleza*, que es el acto de sostener esa creencia a pesar de los cambios emocionales y las tentaciones del entorno[190]. Ciertamente, y según aclara nuestro autor, el discípulo que ha aceptado como válida la buena nueva deberá acrisolarla tanto con las tentaciones del diablo como con los afanes cotidianos, que muchas veces, por desgracia, impelen a su abjuración. En esta novela, los personajes principales encarnan estas tensiones de manera simbólica.

1.1. Lucy, la fe inquebrantable

Lucy representa la fe infantil y pura, tal como es expresada por Jesús en el Evangelio: «Si no os hacéis como niños, no entraréis en el reino de los cielos» (Mt 18,3). Ella es la única que conserva una confianza plena en Aslan, incluso cuando sus hermanos dudan de su existencia: «¡El león, el mismo Aslan! ¿No lo habéis visto?»[191]. Este candor, basado en la experiencia de su encuentro previo con el Gran León en la novela

190 *Cf.* C.S. LEWIS, *Mero cristianismo*, Ediciones Rialp, Madrid 2009[6], 152.

191 C.S. LEWIS, *El príncipe Caspian*, en *Las crónicas de Narnia. Obra completa*, Editorial Planeta, Barcelona 2006, 255.

precedente, es recompensado cuando Aslan le concede la visión de su grandeza: «Cada año que crezcas, me verás más grande»[192]. Esta afirmación subraya que la fe también madura con el tiempo, fortaleciendo su carácter.

1.2. Susan, el escepticismo adulto

En contraste, Susan encarna la actitud de incredulidad que Lewis asocia con una falsa madurez y de la que él abomina en muchas de sus cartas: «¿Acaso no percibiste lo orgullosa que se sentía de ser "demasiado mayor"? Pues siento decirte que esta faceta suya fue cobrando fuerza, y Susan se olvidó por completo de Narnia»[193]. Y es que, en efecto, a medida que avanza la saga, el escepticismo de la muchacha crece hasta el punto de renegar completamente de Narnia: «Susan ya no es amiga de Narnia. Ahora solo le interesan las cosas relacionadas con medias, lápices de labios e invitaciones»[194]. Este alejamiento simboliza la tendencia humana a despreciar las verdades espirituales en favor de las preocupaciones mundanas.

1.3. Edmund, la redención

Edmund, tras su felonía y ulterior redención en *El león, la bruja y el armario*, representa la capacidad de cambio.

---

192 Ibid., 259.

193 C.S. LEWIS, *To Marcia Billiard. Magdalene College, Cambridge, 22/2/55*, en *The collected letters of C.S. Lewis*, vol. III, 569.

194 C.S. LEWIS, *La última batalla*, en *Las crónicas de Narnia. Obra completa*, 506.

Aunque duda inicialmente de Lucy, termina creyendo en ella: «Yo iré con ella: ya ha tenido razón en otras ocasiones»[195]. Su confianza en Lucy refleja su transformación en un fiel seguidor de Aslan, mostrando cómo la experiencia del perdón puede renovar la fe. Por este motivo, será el segundo de los hermanos Pevensie en ver al Gran León cuando este se les manifieste.

1.4. Los enanos y los animales parlantes, distintas actitudes ante la fe

Lewis también utiliza a los enanos y a los animales parlantes para ilustrar las diferentes respuestas al evangelio que se pueden dar en un contexto secularizado. Por ejemplo, como el tejón Buscatrufas es uno de esos animales, simboliza la fe resiliente, propia de quien ha sabido integrarla en su vida: «Nosotros no cambiamos; nos mantenemos firmes»[196]; por el contrario, el enano Trumpkin representa la duda que asalta a todo hombre en un entorno hostil a la fe: no vacila sobre la existencia del Gran León, sino sobre su eventual actuación en un mundo que ya no cree en él[197]. Caso aparte es Nikabrik, otro enano que, empero, personifica la negación total de Dios, hasta el punto de reemplazar la fe en Aslan por un culto idolátrico (o satánico) a la Bruja Blanca: indudablemente, esta actitud refleja el rechazo obstinado de

195 C.S. LEWIS, *El príncipe Caspian*, en ibid., 261.

196 Ibid., 236.

197 Ibid., 255.

lo divino en favor de soluciones humanas, un camino que Lewis asocia con la desesperación y el caos[198].

1.5. Paralelismos evangélicos

A pesar de que Lewis ya siguió el riel del Evangelio en la anterior entrega de la saga, no desaprovecha la oportunidad de establecer en ésta nuevos paralelismos bíblicos, a fin de que el lector recuerde en todo momento la esencia cristiana del relato. Por ejemplo, en la figura de Lucy no solo podemos identificar el modo correcto de vivir la fe, sino también una equivalencia a la de María Magdalena: esta, en efecto, tras ser testigo de la resurrección de Jesús, fue enviada por él mismo a anunciarla a los demás (*cfr*. Jn 20,17-18); de manera similar, Aslan encomienda a Lucy anunciar su presencia a sus hermanos, reforzando así el papel de la fe como testimonio activo[199].

2. La influencia de Marte

Marte es el segundo planeta en importancia dentro de la cosmología medieval. Como sabemos, el astro recibe su nombre del dios de la guerra, por lo que resultaba indiscutible su presencia en este volumen, donde los combates adquieren un papel preponderante. Ya en *Los planetas*, sin embargo, C. S. Lewis había reconocido

---

198 *Cf.* C.S. LEWIS, *To a fifth grade class in Maryland. Magdalen College, Oxford, May 24th 1954*, en *The collected letters of C.S. Lewis*, vol. III, 480.

199 C. S. LEWIS, *El príncipe Caspian*, en *Las crónicas de Narnia. Obra completa*, 260.

este rol tan particular, dedicándole, por ello, estos interesantes versos:

> Pero otro país,
> Negro por la discordia, resuena más allá de él,
> Con ruido de timbales, relinchos de caballos
> Y martilleos de arreos. Un dios altivo,
> Marte mercenario, monta allí su campamento
> Y enarbola su bandera; ostenta ridículamente
> La belleza sin gracia, aguda y de mirada gris,
> Rubia insolencia, de su rostro alegre,
> Que es duro y feliz. Él talla el acto,
> La acción indiferente, con su mazo
> Y su cincel; no se alcanza el logro
> Sin su ayuda; gladiador a sueldo
> Del bien y del mal. Todo es uno para Marte,
> El mal rectificado, la rescatada mansedumbre,
> O la dificultad en las trincheras, con árboles astillados
> Y pájaros proscritos, bancos repletos de oro
> Y el mentiroso hecho señor. Como un trabajo manual,
> Que les ofrece a todos, se gana sus salarios
> Y silba mientras tanto. El terror de plumas blancas
> Que Marte ha dominado. El hierro de su metal
> Que fue golpeado atravesando las manos en la santa cruz,
> Cruel carpintería. Él es frío y fuerte,
> Hijo de la necesidad.

La descripción de Marte que Lewis nos refiere a través de su poema revela que se trata de un planeta perverso, bajo cuya influencia tienen lugar las contiendas armadas; no en balde, en la Antigüedad, era invocado como protector en las batallas. Por ese motivo, el escritor le adjudica términos tan reveladores como «crueldad», «discordia», «altivo» o «insolencia». Este ambiente bélico refleja el estado en que se encontraba Narnia bajo el gobierno tiránico de Miraz, cuya usurpación y opresión simbolizan, precisamente, la desarmonía característica del dios Marte.

Por otro lado, en la novela aparecen un sinfín de pasajes que transportan de inmediato al lector a ese ambiente agresivo que Lewis pretende reflejar. Por ejemplo: «Todo el ejército telmarino se abalanzaba sobre ellos; pero el gigante empezó a avanzar con fuertes pisadas, bien inclinado y balanceando el garrote. Los centauros cargaron. *Clanc*, *clanc* detrás y *zum*, *zum* sobre sus cabezas sonaban los arcos de los enanos. Trumpkin combatía a su izquierda. Se había iniciado una batalla campal»[200]. Como vemos, además, Lewis desliza algunas onomatopeyas en el texto, para que el lector pueda imbuirse del ruido que escucharía en una liza medieval. Otros términos que aparecen a lo largo de la novela son: «ejércitos», «guerreros», «mensajeros», «enemigos», «capitanes», «guardias», «centinelas», «caballeros», «exploradores», «campamentos», «banderas», «pabellones», «escudos», «espadas», «armaduras» y etcétera; es decir, los elementos claves de un relato de aventuras caballerescas.

2.1. Caballerosidad y justicia

En *Los planetas*, C.S. Lewis asegura que Marte es «gladiador a sueldo del bien y del mal»: es decir, no le importa apoyar a uno u otro bando, siempre y cuando

---

200 Ibid., 276.

actúen conforme a las normas de cortesía que deben regir cualquier enfrentamiento armado. Esto queda claro en el duelo entre Peter y Miraz: mientras que el primero es caballeroso y justo, el segundo es artero y ladino. Por este motivo, será Peter quien gane la aprobación de Marte y, por ende, la victoria[201]. No en vano, en *Los planetas* leemos que el susodicho dios patrocina «el mal rectificado».

En este sentido, conviene aludir a Miraz, un nombre parlante cuyo significado puede pasar desapercibido para el lector español. El término del que deriva, en efecto, es *mirage*, que significa «mentira» o «espejismo»: él, pues, al haberse erigido falsamente como rey de Narnia, vive en una ilusión; además, como para obtener tal título ha hecho uso de sus martingalas, es un embustero (no en balde, en *Los planetas*, Lewis escribe: «El mentiroso hecho señor»). Pero, para mantenerse en esa fatamorgana, se rodea de personas que lo alaben de continuo: es el caso de su secuaz Glozelle, cuyo nombre

---

201 «Desde luego, en aquel momento luchaban a brazo partido: tal era el frenesí de golpes que parecía imposible que no perecieran ambos. A medida que aumentaba la excitación, los gritos casi se apagaron. Los espectadores contenían el aliento. Era un espectáculo horrible y magnífico a la vez. Un gran grito surgió de los viejos narnianos. Miraz había caído; no golpeado por Peter, sino de bruces, después de haber tropezado con un montecillo de hierbas. Peter retrocedió, aguardando a que se incorporara. "Maldita sea, maldita sea, maldita sea —dijo Edmund para sí—. ¿Es que tiene que ser caballeroso hasta ese punto? Supongo que sí. Es el resultado de ser un caballero y un Sumo Monarca. Supongo que es lo que le gustaría a Aslan"» (C.S. LEWIS, *El príncipe Caspian*, en *Las crónicas de Narnia. Obra completa*, 276).

(también parlante) deriva del inglés medieval *gloze*, es decir, «adulador» o «mentiroso».

2.2. El simbolismo del hierro

En la alquimia medieval, Marte está asociado al hierro, un metal vinculado tanto a las armas como a la resistencia. En la novela, el hierro aparece una y otra vez, pero especialmente en las espadas, los escudos y las armaduras que los Pevensie encuentran en Cair Paravel. Resulta sintomático que los cofres donde se almacena dicha panoplia están fabricados de madera de roble y reforzados con hierro (esto encuentra su significado en estos versos de *Los planetas*: «Bancos repletos de oro»). Este recurso es bien significativo en la novela, porque los cofres citados están elaborados en roble, la madera propia de Júpiter: un enlace entre ambos libros que no solo nos sugiere su continuidad, sino también la majestad reforzada con la caballerosidad, es decir, la madera con el hierro.

2.3. Marte Silvano, protector de los bosques

En la tradición romana, el dios de la guerra también es venerado como Marte Silvano. Esto es importante para comprender la relevancia que adquiere la naturaleza en esta novela. Por ejemplo: «En un instante, el equipaje, el asiento, el andén y la estación se habían desvanecido totalmente, y los cuatro niños, asidos de la mano y sin aliento, se encontraron de pie en un lugar frondoso, tan lleno de árboles que se les clavaban las ramas y apenas había espacio para moverse. Se frotaron los ojos y aspiraron con fuerza»[202]; o bien, esta otra: «Una vez que volvieron a estar vestidos, empezaron a recorrer la orilla con el mar a la izquierda y el bosque a la derecha. El bosque era tan espeso y enmarañado que apenas conseguían ver en su interior»[203]. Estas prolijas descripciones de la naturaleza narniana son más detalladas aquí que en cualquier otro libro de la saga.

Pero no olvidemos que Marte es esencialmente un dios guerrero, por lo que Lewis no renuncia aquí al componente bélico del relato. Esto es importante para comprender en toda su hondura la repentina irrupción, al final de la novela, de una hueste de árboles que despiertan para unirse al combate contra los telmarinos: los pasajes que describen el avance estas plantas en movimiento, con su «rugido parecido a un oleaje», evoca sin duda la fuerza de Marte en su aspecto más elemental y primigenio. Por cierto, que Tolkien volvió a ver en esta escena una copia de *El señor de los anillos*, en concreto de la marcha de Bárbol y los ents contra Saruman[204].

También debemos aludir a la sorprendente aparición final de una cohorte de bacantes liderada por Baco y Sileno, dos personajes mitológicos cuyo comportamiento poco tendría que ver con una narración infantil[205]. Sin embargo, en la Antigüedad, los devotos

---

202 C.S. LEWIS, *El príncipe Caspian*, en *Las crónicas de Narnia. Obra completa*, 216.

203 Ibid., 217.

204 *Cf.* L.D. GONZÁLEZ, *Una magia profunda*, Ediciones Palabra, Madrid 2005[2], 58.

205 Según la mitología grecorromana, tanto uno como otro son seres muy dados al vino y lideran fiestas —las mencionadas bacantes— donde la impudicia está a la orden del día.

de este par de balarrasas organizaban fiestas en honor de ambos durante el mes de marzo, y aunque no eran celebraciones muy honestas, su inclusión aquí resulta imprescindible para vincular la novela a Marte. Es más, todo el relato transcurre durante la Bóveda Verde, que se corresponde, precisamente, con el mentado mes de marzo[206].

2.4. Otros atributos

En la novela aparecen otros elementos que están vinculados al dios Marte: por ejemplo, el lobo, que aparece en el último tramo del relato en la figura de un licántropo[207]; el pájaro carpintero, cuyo sonido es evocado por las flechas que se clavan en los árboles[208], o el caballo de Caspian, que se llama Batallador como clara referencia al componente bélico del texto. Tampoco debemos olvidar el conjunto de dríades y náyades que salpican el relato, ni siquiera al dios del río Beruna: todos ellos, divinidades vinculadas a la naturaleza y, por consiguiente, a Marte Silvano. Además, se sumarán a la batalla final, para que el lector no olvide que es el dios de la guerra quien inspira este cuento.

Otro atributo propio de Marte es la manzana. No por casualidad, cuando los hermanos Pevensie entrenan con sus armas, lo hacen en medio de un pomar. Así es, *poma* es una palabra latina que significa precisamente «manzana» y que se encuentra en la raíz del término

206 *Cf.* C.S. LEWIS, *El príncipe Caspian*, en *Las crónicas de Narnia. Obra completa*, 271.

207 *Cf.* Ibid., 269.

208 *Cf.* Ibid., 257.

pomerium. Este último es el nombre que recibían las murallas originales de la ciudad de Roma y que estaban delimitadas precisamente por manzanos. Pues bien, si tenemos en cuenta que el dios Marte era el encargado de custodiar la defensa de dichas lindes, entenderemos por qué el consabido entrenamiento tiene lugar en las ruinas pétreas de Cair Paravel, ubicadas en los confines de Narnia.

3. Otros datos de interés

En los últimos capítulos de *El león, la bruja y el armario*, C.S. Lewis quiso disertar acerca del nacimiento de la Iglesia como primigenia comunidad de creyentes. Por este motivo, es normal que en esta segunda parte quisiera explorar su evolución a lo largo de los siglos. Es por ello por lo que, en este título, más que en ningún otro, la fe comunitaria se ve revestida de mucha importancia.

3.1. La Iglesia, una comunidad fiel

En *El príncipe Caspian*, C.S. Lewis introduce una representación alegórica de la Iglesia a través de los narnianos fieles, quienes han preservado el mensaje de Aslan durante un milenio. La reunión clandestina organizada por el tejón Buscatrufas simboliza precisamente una «asamblea», traducción del término griego ἐκκλησία, es decir, «iglesia». Esta escena evoca las reuniones de los primeros cristianos, que se congregaban en la clandestinidad por temor a las represalias del Imperio romano. Lewis describe este encuentro con un aire de gozo y fraternidad: «Los faunos bailaron alrededor de Caspian al son de sus flautas de caña [...], inspeccionando curiosamente el rostro del muchacho»[209]. Este paralelismo subraya la resistencia de la fe en tiempos de persecución y la importancia de la comunidad en la preservación de la verdad.

Pero debemos recordar que, en su condición de anglicano, C. S. Lewis siempre apoyó la doctrina de la Iglesia de Inglaterra respecto a la autoridad del monarca. En la novela, efectivamente, esto queda de manifiesto cuando Peter le cede al príncipe Caspian el bastón de mando: «No he venido a ocupar vuestro lugar, sino a colocaros en él»[210]. Esta postura, como decimos, refleja la enseñanza del anglicanismo, una visión que Lewis defendió firmemente en todos sus escritos[211].

209 Ibid., 240.

210 Ibid., 269.

211 *Cf.* C. S. LEWIS, *To Mary W. Shelburne, (Magdalen College, Oxford, July 10th 1953)*, en *The collected letters of C. S. Lewis*, vol. III, 343.

La travesía del viajero del alba
(1952)

La travesía del viajero del alba relata la singladura del rey Caspian X, acompañado por Lucy, Edmund y su primo Eustace. Embarcados en un majestuoso navío, los protagonistas emprenden un viaje hacia las fronteras del mundo conocido en busca de los siete lores narnianos, exiliados durante el reinado de Miraz. A lo largo del camino, enfrentan diversos peligros y misterios que les permiten crecer en valor, fe y sabiduría.

Pese a ser la tercera novela narniana que vio la luz, se trata de la quinta conforme al orden cronológico interno. Con ella, Lewis salda la deuda que tenía pendiente con una de sus más inveteradas pasiones: la mar. Desde que era pequeño, en efecto, nuestro autor pasaba las horas muertas contemplando la ría de Belfast, pues le entusiasmaba el sonido de su oleaje y la bruma con la que a veces amanecía[212].

Con el tiempo, esta devoción no hizo más que crecer, por lo que procuró alimentarla con relatos de fantasía que lo hicieran navegar por aguas tormentosas y piélagos procelosos. En este sentido, entre sus lecturas favoritas se encontraban *La Odisea* y *La navegación de san Brendan*: el primero no necesita presentación, pero del segundo debemos decir que su importancia es esencial para la elaboración de este relato[213]. Se trata, en efecto, de una fábula medieval protagonizada por un monje irlandés que se echa a la mar con el fin de encontrar a sus compañeros perdidos.

---

212 *Cf.* C.S. LEWIS, *To his father. Gastons, 9th Nov. 1916*, en *The collected letters of C.S. Lewis*, vol. I, Harper Collins, Londres 2000, 250.

213 *Cf.* L.D. GONZÁLEZ, *Una magia profunda*, Ediciones Palabra, Madrid 2005², 61.

Pero también debemos aludir a la ingente cantidad de términos náuticos que pululan por la obra y que denotan, una vez más, ese intenso amor de Lewis por la mar. Sería largo de exponer aquí el sinnúmero de los que aparecen a lo largo de estas páginas, por lo que solamente referiremos un párrafo que, sin embargo, resume todos ellos: «Todas las olas situadas detrás de ellos parecieron adquirir unas formas desacostumbradas y el mar se tornó de un color pardo o amarillento como el de una lona sucia. El aire se enfrió, y el barco pareció moverse inquieto como si percibiera el peligro a su espalda. La vela caía plana e inerte un instante y se hinchaba violentamente al siguiente [...]. Una cascada de agua se derramó sobre la cubierta; la popa y el castillo de proa eran como dos islas con un mar embravecido entre ambos. Arriba en la arboladura los marineros se estiraban sobre la verga en un intento desesperado de hacerse con el control de la vela. Un cabo roto sobresalía oblicuamente empujado por el viento tan tieso como si fuera un atizador»[214]. Sin lugar a duda, con pasajes como este, nuestro escritor nos sumerge de lleno en la «atmósfera marinera» del relato.

1. Desentrañando la novela

Con *La travesía del viajero del alba*, Lewis quiso significar el viaje espiritual hacia la iluminación, un proceso que implica autodescubrimiento, arrepentimiento y transformación. Como veremos a lo largo de nuestro

214 C.S. LEWIS, *La travesía del viajero del alba*, en *Las crónicas de Narnia. Obra completa*, Editorial Planeta, Barcelona 2006, 313-314.

análisis, cada isla que los personajes visitan representa un desafío moral o espiritual que deben superar para alcanzar un estado más elevado en orden a su propia santidad. Por supuesto, Aslan jugará un papel importante, pero sus apariciones son más limitadas que en otros tomos, porque los niños ya han crecido y deben aprender a caminar solos (únicamente Eustace requerirá de una asistencia mayor por parte del Gran León).

1.1. Eustace, el peso de la codicia

Uno de los personajes más relevantes del relato es Eustace, primo de los Pevensie. Según refiere Lewis, se trata de un niño despreciable y sin imaginación; es egoísta, codicioso y maleducado, y odia a Edmund y Lucy. A pesar de ello (o tal vez por ello), es el único que recibe un impulso transformador por parte de Aslan. Para ejemplificar este hecho, nuestro escritor recurre a un símil muy querido por él: la figura del dragón.

Así es, en la segunda isla a la que arriba el Viajero del Alba, Eustace descubre una cueva habitada por un dragón y, en su interior, un tesoro de incalculables proporciones. Por un golpe de suerte, el lagarto muere en cuanto él llega, por lo que tiene la oportunidad de apoderarse de aquella inmensa fortuna; ni por un momento piensa en compartirla con los demás, sino que la quiere toda para sí. Por este motivo, sin saberlo, conjura sobre su persona un hechizo que lo convierte a él mismo en dragón.

Se conjugan aquí dos elementos que merecen nuestra atención: por un lado, la codicia, que era, a juicio de Lewis, uno de los peores pecados que el hombre podía cometer[215]; por el otro, la figura del dragón. Esta, en efecto, es el símbolo por antonomasia del mal, una imagen que se entronca directamente con la tradición cristiana (*cfr.* Ap 12,3). No es casualidad, pues, que nuestro escritor especificase que toda persona codiciosa estaba afectada por el «mal del dragón», una idea que fue acuñada en primer lugar por su amigo Tolkien[216].

Ciertamente, con esta expresión, Tolkien aludía a la atadura que experimenta el hombre respecto de sus posesiones y que hacen de él una persona huraña. En este sentido, conviene recordar la figura de Smaug, en *El hobbit*, un monstruo que conoce hasta el último cuadrante de su fortuna..., pero de la que no disfruta ni un ápice. En cualquier caso, el hecho de que en *La travesía del viajero del alba* los dragones sean individuos que se han intentado apoderar del tesoro, señala hasta qué punto C. S. Lewis quería subrayar el enquistamiento de este pecado en el corazón humano[217].

---

215 *Cf.* C.S. LEWIS, *Mero cristianismo*, Rialp, Madrid 2009[6], 136.

216 *Cf.* J. PEARCE, *El viaje de Bilbo*, Ediciones Palabra, Madrid 2012, 98.

217 A este respecto, conviene traer a colación *El dragón habla*, un poema que Lewis escribió acerca del consabido mal: «Ahora, vigilo el oro desde mi cueva de roca/ En un país de piedra: dragón viejo y deplorable [...]. No tienen piedad del lúgubre y viejo dragón./ Señor, que creó al dragón, dame tu paz/ pero no me pidas que abandone el oro,/ Ni que me mueva o muera./ Otros se quedarían con el oro» (C. S. LEWIS, *El dragón habla*, en *Mientras cae la ruina y otros poemas*, Ediciones Encuentro, Madrid 2018, 71-73).

1.2. Lucy, la belleza interior

En las novelas precedentes, Lewis ha mostrado a Lucy como el parangón de la fe infantil, aquella que ha de acoger y vivir todo cristiano. Sin embargo, y pese a este cariño que le profesa al personaje, el escritor también es consciente de que debe abordarlo con cierto realismo. Por esta razón, en la novela que nos ocupa, la muchacha se ve abocada a una dura prueba espiritual: su propia vanidad.

Así es, en el fondo, Lucy siempre ha sentido cierta envidia de Susan, porque la considera muy hermosa; pero ella no quiere compartir su belleza, sino superarla[218]. A juicio de Lewis, esta actitud es síntoma del orgullo que acicatea el alma de todo hombre, incluso de aquellos que, como Lucy, gozan de una fe pura; de este modo lo manifiesta en uno de sus escritos: «Si soy orgulloso, mientras haya otro hombre en el mundo que sea más poderoso, más rico o más inteligente que yo, ese hombre será mi rival y mi enemigo»[219]. Sin duda, ese es el desgaire que sobrevuela a la muchacha en el relato.

Esta actitud es presentada por C.S. Lewis a través de otros personajes de la novela. Por ejemplo, Edmund, que se enfrenta al rey Caspian por el tesoro encontrado en la isla del Agua Letal con el solo propósito de ser más rico que él[220]; o bien, el propio Caspian, que al final del cuento pretende aventurarse en el País de Aslan, pero

---

218 *Cf.* C.S. LEWIS, *La travesía del viajero del alba*, en *Las crónicas de Narnia. Obra completa*, 340.

219 C.S. LEWIS, *Mero cristianismo*, 135.

220 *Cf.* C.S. LEWIS, *La travesía del viajero del alba*, en *Las crónicas de Narnia. Obra completa*, 332.

no para disfrutar de él, sino para recabar el aplauso que ello le reportaría[221]. Sea como fuere, en todos esos casos irrumpe el Gran León para frustrar las alevosas intenciones de los protagonistas, enfatizando así la importancia de la humildad como virtud cristiana esencial.

1.3. La lucha contra la oscuridad

Uno de los capítulos más intensos de la novela es aquel en el que el Viajero del Alba atraviesa la isla de la Oscuridad, donde las pesadillas se hacen realidad. Este lugar, por supuesto, representa el miedo, y, de hecho, toda la tripulación del navío sucumbe a él cuando conocen la naturaleza de la ínsula: «¡Jamás saldremos!, ¡jamás saldremos!»[222]. El mismísimo Caspian se siente embargado por el pánico cuando recuerda los malos sueños que ha tenido y que allí pueden tornarse reales.

Pero Lewis anima a vencer los miedos mediante la fe. Para ejemplificarlo, recurre de nuevo a Lucy, su personaje predilecto: cuando el peligro arrecia, ella eleva una plegaria a Aslan, para que los socorra. En ese momento, aparece una cruz en el cielo, y después, un albatros luminoso que los guía hacia puerto seguro. La mención al albatros brillante no es casual, porque esta es la única ave marina que puede orientarse durante la noche y que Lewis, por ende, identificó con Cristo mismo: «Yo soy la luz del mundo: el que me sigue, no camina en tinieblas, sino que tendrá la luz de la vida» (Jn 8,12).

---

221 *Cf.* Ibid., 367.

222 Ibid., 350.

Huelga disertar aquí sobre el significado de la cruz en la vida del cristiano; sin embargo, nos gustaría subrayar la alusión expresa a ella. Y es que, a diferencia de los otros relatos, en este aparece Aslan equiparado plenamente a Jesucristo[223], motivo por el cual, y a nuestro parecer, C. S. Lewis quiso ser explícito en este punto y adelantar de algún modo dicha identificación final. De hecho, pensamos que entrevera otros elementos claramente cristológicos en el cuento, para que el lector no tenga ninguna duda al respecto. En este sentido, destaquemos la historia que lee Lucy en la biblioteca de Coriakin: en ella aparecen una copa, un monte y un árbol, en clara referencia al cáliz, al Calvario y a la cruz[224].

2. La influencia del sol

Puede que al lector actual le sorprenda la inclusión del sol en el sistema planetario ptolemaico, sin embargo, el astro rey formaba parte de esas esferas celestes que giraban alrededor de la tierra. Su influencia en la cosmología del Medioevo era absoluta, pues le eran atribuidos poderes regios y aun alquímicos, ya que representaba la sabiduría[225]. Y es normal que así fuera dado su carácter iluminativo, porque de algún modo figuraba el alumbramiento de las mentes obtusas. Por todas estas razones,

---

223 *Cf.* Ibid., 369.

224 *Cf.* M. WARD, *El planeta Narnia*, CEU, Madrid 2022, 191.

225 «En *English literature in the sixteenth century*, considera, en un extenso pasaje acerca de la astrología y la revolución científica, que "Bacon y los magos gozaban de la más estrecha afinidad"» (M. WARD, *El planeta Narnia*, 174).

en su poema *Los planetas*, C.S. Lewis describe al sol como una fuerza majestuosa que ilumina y transforma:

> Más allá de ella,
> La carretera del cielo zumba y tiembla,
> Tamborilea y vibra, por el trueno compulsivo
> Del carro del Sol, cuya espada de luz
> Daña y humilla; solo el ojo del águila
> Lo vio. Cuando su flecha apunta,
> A través de la mente del mortal, las nieblas se disipan
> Y suave como la mañana, la melodiosa sabiduría
> Respira sobre el pecho, ampliándose hacia el este,
> Clara y sin nubes. En un cerrado jardín
> (Desatada su carga) sus haces crían
> El alma en secreto, donde el suelo coloca
> Paradisíacas palmeras y fuentes puras,
> Cambian y templan, transformando fríamente,
> El común desgarbo en oro cordial;
> Cuyo mineral también, en la base de la tierra,
> Es impresión y presión de su orgulloso sello
> En la cera del mundo. Él es el varón adorado,
> El esposo de la tierra, contemplándolo todo,
> Ojo químico supremo.

En la Antigüedad, el dios Sol (o Helios) era representado como una hermosa deidad coronada con una brillante aureola; durante el día, pilotaba un carro tirado por caballos, y al caer la noche, dejaba que sus bestias reposasen en el establo mientras él se refocilaba en unos hermosos jardines. Por este motivo, leemos en *Los planetas*: «En un cerrado jardín/ (Desatada su carga) sus haces crían/ El alma en secreto, donde el suelo coloca/ Paradisíacas palmeras y fuentes puras». En *La travesía del viajero de alba*, esta imagen es simbolizada por la sucesiva aparición de islas, que son más bellas cuanto más se aproximan al este: desde las islas Solitarias, de aspecto desértico, hasta la isla del Fin del Mundo, que es un auténtico vergel.

En no pocas ocasiones, sin embargo, la mitología grecorromana identifica al dios Sol con el dios Apolo. Esta tipificación es aprovechada por nuestro escritor para el desarrollo de su novela. Por ejemplo, Apolo era conocido como Sauróctono (es decir, «matador de la serpiente»), porque, según la leyenda, el susodicho dios había derrotado al monstruo Pitón; pues bien, en *La travesía del viajero del alba*, como sabemos, la figura de la serpiente o del dragón como alegoría del pecado está muy presente, y debe ser doblegada por los niños[226]. Otro ejemplo nos lo refiere Apolo Esminteo (es decir, «cazador de ratones»), porque el dios habría liberado a Atenas de una plaga de roedores: esta virtud

226 La presencia implícita de Apolo Sauróctono es insinuada en cuatro escenas concretas: la primera, mediante la muerte del viejo y lúgubre monstruo que custodia el tesoro en la isla del Dragón; la segunda, mediante la transformación de Eustace, que abandona su aspecto de lagarto para retornar a su naturaleza humana; la tercera, a través de la serpiente marina que también es derrotada, y la cuarta, por el propio Viajero del Alba, cuyo mascarón de proa ostenta la figura de tan temido animal (el navío no es propiamente destrozado, pero sí es símbolo de una muerte: la de la vanidad del propio rey Caspian, en cuya magnificencia se refocilaba). En todos estos vencimientos del dragón tiene un papel relevante Aslan, identificado aquí con el sol, es decir, con Apolo (*cfr.* M. WARD, *El planeta Narnia*, 183-184).

queda patente en el poder que ejerce el sol sobre el ratón Ripichip[227].

2.1. Aslan como figura solar

Sea como fuere, tanto el dios Sol como Apolo fueron adoptados inmediatamente por la iconografía cristiana como una prefiguración del mismísimo Cristo. Por este motivo, y a lo largo de todo el relato, vamos viendo una identificación progresiva de Aslan con la luz del sol, algo que alcanza su apogeo en el extremo este, cuando la guedeja del león se torna tan brillante como los rayos del mencionado astro[228]. En esta última escena, es destacable la presencia del color rojo, porque se trata del mismo que está asociado a Júpiter; de este modo, se alude implícitamente a la majestad del Gran León.

En cualquier caso, como el dios Sol, Apolo, Aslan y Cristo comparten una misma categoría mítica, C.S. Lewis no tiene ningún reparo en atribuirles a los cuatro

---

227 «Si no he llegado al país de Aslan o he sido arrastrado por encima del borde del mundo por una catarata enorme, me hundiré con el hocico dirigido a la salida del sol» (C.S. LEWIS, *La travesía del viajero del alba*, en *Las crónicas de Narnia. Obra completa*, 359).

228 Aslan aparece hasta siete veces en el transcurso del relato: una primera vez, envuelto en sombras para liberar a Eustace de su hechizo; una segunda, en la isla de las Aguas Letales, donde ya adquiere cierta luminosidad; una tercera y una cuarta, en la isla de las Voces, resplandeciendo como el oro; una quinta vez, como un rayo de luz que guía a los aventureros en su travesía; una sexta, aún más coruscante que en las ocasiones anteriores, en el camarote de Caspian, y una séptima vez, al final, donde su identificación con el sol es plena (*cfr*. M. WARD, *El planeta Narnia*, 186-190).

este extraño verso de *Los planetas*: «Su espada de luz/ Daña y humilla». En la novela, efectivamente, el Gran León aparece en escena justo cuando los protagonistas del libro están flirteando con el pecado, para delatarles de este modo su actitud, *dañándoles* con su presencia y *humillándolos* con su reprensión. Pero como es amigo amoroso, dicha conminación no suele ser proferida en voz alta, sino a través de un elocuente silencio que habla más que cualquier otra palabrería recriminatoria.

2.2. El oro, metal del sol

En la alquimia medieval, el sol está asociado con el oro, el metal más noble y puro de cuantos existen; según la creencia de entonces, ciertamente, cualquier hierro expuesto durante un tiempo oportuno a su luz, terminaba por dorarse[229]. Por este motivo, y a fin de que el lector se embeba del «ambiente áureo» (o «ambiente solar») que recorre toda la novela, Lewis salpica por toda ella multitud de términos al respecto: «amarillo», «dorado», «moneda», «tesoro», «soleado», «amanecer», «alba», etcétera. Esto adquiere su plenitud en la isla del Agua Letal, donde una nítida laguna tiene la propiedad de convertir en oro cualquier objeto que caiga dentro de ella. No es casual, pues, que Lewis, en *Los planetas*, aluda al sol como «ojo alquímico supremo».

---

229 En un poema sin fecha, Lewis refiere precisamente esta cualidad del sol: «Hasta que tus rayos de alquimia todo lo vuelvan oro/ Deben pasar más de mil y un metales» (C.S. LEWIS, *Intensidad del mediodía*, en *Mientras cae la ruina y otros poemas*, 163).

Precisamente por ser el símbolo por antonomasia de la alquimia, el sol es identificado igualmente con la sabiduría y la libertad. Esto es reflejado asimismo por el derrotero del Viajero del Alba: a medida que se acerca al oriente, va descubriendo territorios «más sabios», y, por ende, «más libres». De esta forma, el navío comienza recalando en las islas Solitarias, donde hay hombres esclavizados y un gobernador ciertamente perezoso; continúa por la isla de las Voces, que está gobernada por un mago, representante tradicional de la alquimia[230], y alcanza finalmente las costas de la isla de la Estrella, llamada así por su cercanía al sol. A la postre, cuando los navegantes rozan ya al extremo este, se verán bañados por la luz solar y serán capaces de ver con ojos de águila[231], una clara autorreferencia de Lewis a su poema *Los planetas*, donde apunta que el sol goza de esa capacidad.

3. Otros datos de interés

Influido por su herencia anglicana, C. S. Lewis identificaba tres elementos fundamentales para la difusión de

---

230 La isla de las Voces encarna el parangón absoluto de esa dicotomía entre sabiduría y libertad, y necedad y esclavitud. Como hemos dicho, la ínsula está regida por un mago, que, no obstante, padece la presencia de unos enanos que se caracterizan por su arraigada e insuperable tontuna. Para que el lector se asiente en la idea de lo lejos que tales enanos se encuentran del sol, Lewis afirma que son invisibles. Para más inri, la hija del jefe de los enanos se llama Clipsie (una clara referencia al término latino *eclipsis*, es decir, «eclipse» o «desaparición»).

231 *Cf.* C. S. LEWIS, *La travesía del viajero del alba*, en *Las crónicas de Narnia. Obra completa*, 369.

la vida cristiana en el alma humana: la fe, el Bautismo y la Cena del Señor[232]. Como de la fe ya hemos disertado en nuestro análisis de *El príncipe Caspian*, centrémonos ahora en el Bautismo y la Cena del Señor, que son los únicos sacramentos que el anglicanismo reconoce como válidos. Uno y otro, en efecto, aparecen simbolizados claramente en esta novela.

Antes de proseguir, conviene explicar que la concepción sacramental de Lewis continúa siendo un misterio para muchos estudiosos de su obra. Si bien su pensamiento se alineaba en gran medida con la doctrina anglicana, que no entiende los sacramentos como canales directos de la gracia, Lewis mostró ciertas actitudes que parecían apartarse de esta postura: por ejemplo, recurría regularmente a la confesión, una práctica que lo acerca a la tradición católica[233]. Sin embargo, sería un error intentar interpretar esta novela desde una perspectiva exclusivamente católica o ver en ella una conversión implícita de su autor: Lewis, en todo momento, se identificó como anglicano, y en su obra refleja esa identidad sin ambages[234].

3.1. El Bautismo y la *desdragonización* de Eustace

La transformación de Eustace en dragón y su posterior redención es una clara alusión al Bautismo. En su relato, Eustace describe cómo Aslan lo despoja de sus escamas

---

232 *Cf.* C.S. LEWIS, *Mero cristianismo*, 78.

233 *Cf.* C.S. LEWIS, *To Mary Van Deusen. Magdalen College, Oxford. 6/4/53*, en *The collected letters of C.S. Lewis*, vol. III, Harper Collins, San Francisco CA 2007, 319-320.

234 *Cf.* C.S. LEWIS, *Mero cristianismo*, 10.

antes de arrojarlo al agua purificadora: «El agua del pozo borboteaba desde el fondo: pero era mucho más grande que la mayoría de los pozos; igual que una enorme bañera de mármol con peldaños que descendían a su interior [...]. Entonces el león dijo: "Tendrás que permitir que te desvista yo" [...]. Me arrojó al agua. Me escoció una barbaridad, pero solo unos instantes. Después de eso, resultó una sensación deliciosa»[235]. Si observamos atentamente, el relato de Eustace se inspira en el rito del Bautismo que llevaban a cabo los primeros cristianos y que hoy se perpetúa en el seno de la Iglesia: la fe, el arrepentimiento de los pecados, la zambullida en el agua y el revestimiento con un nuevo ropaje.

Como ya mencionamos, Eustace se enfrenta ahora a una vida renovada: con la guía y el poder de Aslan, intenta dejar atrás al «hombre viejo» que solía ser —egoísta, codicioso y egocéntrico—, para dar paso al «hombre nuevo», caracterizado por la generosidad, la bondad y la humildad. Este proceso encuentra un claro paralelo en las Escrituras, como lo expresa el apóstol san Pablo: «Por el bautismo, fuimos sepultados con Cristo en la muerte, para que, lo mismo que él resucitó de entre los muertos por la gloria del Padre, así también nosotros andemos en una vida nueva» (Rom 6,4). No obstante, Lewis subraya que el Bautismo no actúa de forma mágica, sino que exige un compromiso constante de cambio y esfuerzo personal; por ello, Eustace encontrará dificultades en su transformación hacia esa nueva vida. En *Mero cristianismo*, Lewis lo explica de esta manera: «Un cristiano no es un hombre que nunca hace el

---

235 C.S. LEWIS, *La travesía del viajero del alba*, en *Las crónicas de Narnia. Obra completa*, 326-327.

mal, sino uno a quien se le ha hecho posible arrepentirse, levantarse y comenzar de nuevo tras cada tropezón; porque la vida de Cristo está dentro de él, reparándolo todo el tiempo, permitiéndole repetir (hasta cierto punto) la clase de muerte voluntaria que Cristo mismo llevó a cabo»[236].

3.2. La Cena del Señor y la Mesa de Aslan

Al arribar a la isla del Fin del Mundo, los aventureros encuentran un espléndido banquete que parece preparado especialmente para ellos y que se renueva cada noche. En la mesa —no por casualidad llamada Mesa de Aslan—, encuentran a los tres últimos lores sumidos en un profundo sueño, en el que cayeron por culpa de una discusión. A pesar de ello, los tripulantes del Viajero del Alba son invitados a disfrutar de la cena para reponer fuerzas y encarar el Último Mar, antesala del País de Aslan.

En el pasaje descrito, convergen varias imágenes que revelan la intención de Lewis de ofrecer al lector una metáfora del sacramento de la Cena del Señor: la primera de ellas es el propio banquete, pues la Escritura misma lo denomina Cena del Señor (*cfr.* 1 Cor 11,20); en segundo lugar, destaca el hecho de que este ágape se renueve cada día, una alusión clara a su celebración ritual; en tercer lugar, es significativo que el banquete se ubique en un territorio cercano a la tierra de Aslan, que simboliza el paraíso (esto refuerza su carácter de alimento espiritual, pues actúa como un viático para el creyente, dándole la fuerza necesaria para avanzar en

---

236 C. S. LEWIS, *Mero cristianismo*, 80.

su camino hacia la vida eterna)[237], y finalmente, la mención al origen de la disputa entre los lores.

En efecto, esta escena nos retrotrae directamente a la Biblia, donde leemos: «He oído que, cuando se reúne vuestra asamblea, hay divisiones entre vosotros [...]. Por ello, hermanos míos, cuando os reunís para comer esperaos unos a otros» (1 Cor 11,18.33). Por tanto, la imagen eucarística propuesta por la novela es incuestionable. De algún modo, pues, esa discusión ha paralizado de tal manera a los lores que están incapacitados para reconciliarse entre ellos y beneficiarse de la comida; los tripulantes del Viajero del Alba, empero, podrán hacerlo, porque entre ellos ha reinado la armonía durante toda la singladura (*cfr*. Mt 5,23-25).

3.3. La estrella Ramandu

A modo de coda, en *La travesía del viajero del alba*, podemos identificar un sentido homenaje de Lewis a su amigo Tolkien. Este tributo se encuentra en la figura de la estrella Ramandu, representada como un venerable anciano que desciende del cielo y se dirige a los protagonistas con estas palabras: «"Soy una estrella en reposo, hija mía", respondió Ramandu [...]. "En nuestro mundo —dijo Eustace—, una estrella es una enorme bola de gas llameante". "Incluso en tu mundo, hijo, no es eso lo que es una estrella, sino solo de qué está hecha"»[238].

237 «Este es el pan que ha bajado del cielo: no como el de vuestros padres, que lo comieron y murieron; el que come de este pan vivirá para siempre» (Jn 6,58).

238 C.S. LEWIS, *La travesía del viajero del alba*, en *Las crónicas de Narnia. Obra completa*, 357.

Para entender este guiño de Lewis al creador de la Tierra Media, debemos remontarnos a su célebre «conversación nocturna».

En efecto, en esa ocasión, Tolkien explicó a su amigo la teoría del «mito verdadero» del siguiente modo: «Llamas "estrella" a una estrella y dices que es solo una bola de materia describiendo en el cielo un curso matemático, pero es simplemente como la ves tú. Al nombrar y describir las cosas, no estás más que inventando tus propios términos. Y así como el lenguaje es invención de objetos e ideas, el mito es invención de la verdad. Venimos de Dios, e inevitablemente, los mitos que tejemos, aunque contengan errores, reflejan también un astillado fragmento de la luz verdadera: la eterna verdad de Dios. Solo elaborando mitos, solo convirtiéndose en un *subcreador* e inventando historias, puede aspirar el hombre al estado de perfección que conoció antes de la caída. Nuestros mitos pueden equivocarse, pero se dirigen —aun vacilantemente— al puerto verdadero»[239]. Así pues, con la referencia a Ramandu, Lewis parece recoger las palabras de Tolkien, enfatizando que lo esencial de una estrella no radica en su composición material, sino en su significado y propósito más profundo, conectado con las verdades eternas.

239 J.R.R. TOLKIEN, *Mitopoeia*, en Árbol y hoja, Minotauro, Barcelona 1994.

La silla de plata (1953)

La silla de plata narra la aventura de Eustace Scrubb y Jill Pole, quienes son llamados a Narnia para rescatar al príncipe Rilian, hijo del rey Caspian X, desaparecido hace años. Guiados por el solemne meneo de las marismas Charcosombrío, los protagonistas deben atravesar desafiantes paisajes y enfrentar engaños, hasta llegar al Reino de las Profundidades, donde el príncipe está cautivo bajo el hechizo de la maligna Dama del Sayo Verde. A través de pruebas de fe y sacrificio, logran liberar a Rilian y derrotar a la Dama, regresando a Narnia para asistir al emotivo final de Caspian.

Esta es la cuarta novela que escribió Lewis, pero la quinta en ser publicada y la sexta en la cronología interna de Narnia. Es quizás uno de los relatos más personales del autor (dejando a un lado *El sobrino del mago*), porque en él entrevera sus vivencias en los internados ingleses, de los que, como sabemos, no guardaba un buen recuerdo. Por otro lado, tal vez sea el cuento más filosófico de todos, porque en él podemos encontrar un claro reminiscente a la obra de Platón, que el escritor, no obstante, depura con su visión cristiana del mundo.

1. Desentrañando la novela

La novela ilustra a todas luces la lucha del cristiano contra los tres enemigos tradicionales del alma: el mundo, el demonio y la carne[240]. A través de su travesía por Narnia,

240 C. S. Lewis asume perfectamente esta doctrina tradicional del cristianismo, pues en sus memorias alude varias veces a ellos en relación con los óbices que encuentra en su propio derrotero: «En una palabra, ya tenía en esta historia el mundo y la carne; ahora llegó el demonio» (C. S. LEWIS, *Cautivado por la alegría*, Encuentro, Madrid 2008[3], 141).

en efecto, Jill y Eustace se verán confrontados de continuo por estos tres elementos, que pondrán a prueba su perseverancia. Sin embargo, para salir airosos, contarán con una guía infalible: las indicaciones de Aslan. Estas, ciertamente, no solo serán unas sugerencias otorgadas por el Gran León para culminar la aventura, sino un auténtico vademécum moral destinado a transformar el alma de los muchachos.

1.1. La obediencia a las señales

Nada más llegar a Narnia, Aslan le propone a Jill una serie de normas que ha de seguir escrupulosamente para rescatar al príncipe Rilian, y aunque la muchacha cree haberlas memorizado, él le anima a que las repita una y otra vez, para que no caigan en el olvido: «Recuerda, recuerda, recuerda las señales. Repítetelas cuando despiertes por la mañana y cuando te acuestes por la noche, y cuando despiertes en mitad de la noche»[241]. Por supuesto, esta invitación encuentra su eco en la Escritura, donde leemos: «Estas palabras que yo te mando hoy estarán en tu corazón, se las repetirás a tus hijos y hablarás de ellas estando en casa y yendo de camino, acostado y levantado» (Dt 6,6-7).

Como hemos señalado, Aslan advierte a Jill contra el peligro de arrinconar sus señales, porque, en efecto, las preocupaciones o las alegrías del mundo pueden desviarla de su cumplimiento y conducirla a una meta indeseada. En este sentido, es interesante que nos detengamos en las palabras precisas del Gran León: «Aquí

---

241 C.S. LEWIS, *La silla de plata*, en *Las crónicas de Narnia. Obra completa*, Editorial Planeta, Barcelona 2006, 383.

en la montaña, el aire es limpio y tu mente está despejada; cuando desciendas al interior de Narnia, el aire se espesará. Ten cuidado de que no aturda tu mente»[242]. Este aviso, por supuesto, sigue a pie juntillas la advertencia que Dios mismo le hace a su pueblo: «Cuando el Señor, tu Dios, te introduzca en la tierra que había de darte [...], guárdate de olvidar al Señor que te sacó de Egipto, de la casa de esclavitud» (Dt 6,10.12).

1.2. Los enemigos del alma

A lo largo del relato, pues, encontramos una explicitación imaginativa de esos obstáculos que pueden desviar el rumbo de cualquier cristiano. En primer lugar, el mundo. Si nos fijamos bien, en esta novela aparece una progresiva corrupción de la naturaleza narniana, que se corresponde con el paulatino olvido de las señales de Aslan por parte de los niños: mientras que en los primeros párrafos del relato los muchachos encuentran un mundo fértil y pacífico, a medida que avanzan en su aventura, se topan con escenarios yermos y adversos[243]. En ningún tomo de la saga es Lewis tan explícito como en este a la hora de describir las desgracias de los

242 Ibid.

243 «Lanzaron una ansiosa mirada a su espalda, al valle de Narnia, y luego volvieron los rostros hacia el norte. El inmenso y solitario páramo se extendía ante ellos hasta donde alcanzaba la vista. A su izquierda, el terreno era más pedregoso. Jill se dijo que debía de ser el linde de la garganta de los gigantes y no sintió demasiadas ganas de mirar en aquella dirección» (C. S. LEWIS, *La silla de plata*, en *Las crónicas de Narnia. Obra completa*, 400).

protagonistas: roquedales, tinieblas, frío... El mundo, sin duda, es un peligro para el alma cristiana.

En segundo lugar, el diablo, que acosa, acusa, tienta, engaña y miente en su pugna por arrebatarle a Dios el alma de sus criaturas[244]. En el texto, esto está perfectamente reflejado por la Dama del Sayo Verde, que embauca a los tres aventureros, para que se internen en ese mundo hostil y se desvíen así de su rumbo: «Fuera cual fuese la intención de la dama al hablarles sobre Harfang, el efecto que tuvo sobre los niños fue malo. No eran capaces de pensar en otra cosa que no fueran camas, baños, comida caliente y lo agradable que sería estar dentro de una casa. Ya nunca hablaban sobre Aslan ni tampoco sobre el príncipe desaparecido; y además Jill abandonó su costumbre de repetir para sí las señales cada noche y cada mañana. Al principio, se dijo que estaba demasiado cansada, pero pronto se olvidó completamente»[245]. Como podemos comprobar, las palabras de la bruja alcanzan su objetivo, puesto que consigue que los niños releguen los mandamientos del león y prefieran las comodidades de este mundo a continuar caminando hacia su verdadera meta.

En tercer lugar, la carne como objeto de nuestra complacencia. En la novela, queda meridianamente

---

244 «Los diablos desean las almas humanas y las de los otros diablos; por eso Satanás desea a todos sus seguidores, a todos los hijos de Eva y a todas las huestes del cielo: sueña con la llegada de un día en que todos estén dentro de él, cuando todo aquel que diga "yo" solo pueda decirlo a través de Satanás» (C.S. LEWIS, *Cartas del diablo a su sobrino*, Rialp, Madrid 2008[14], 17).

245 C.S. LEWIS, *La silla de plata*, en *Las crónicas de Narnia. Obra completa*, 404-405.

claro en la aventura que viven los niños en el castillo de Harfang[246], donde creen que van a ser agasajados con un banquete en su propio honor..., pero descubren que ellos mismos son el plato principal: «Eso pasa por no prestar atención a las señales. Supongo que ahora pesa una maldición sobre nosotros. Si estuviera permitido, lo mejor que podríamos hacer es tomar unos cuchillos y clavárnoslos en el corazón»[247]. Así pues, se han dejado seducir de tal modo por las comodidades que les eran ofrecidas por los gigantes que no se percataron de la engañifa que subyacía tras ellas. Podríamos entender, por tanto, que Lewis alegoriza aquí sobre el peligro que entraña la molicie para el alma humana[248].

1.3. El simbolismo del mundo subterráneo

El Reino de las Profundidades representa un mundo de sombras y mentiras, al que se han ido encaminando los niños a medida que postergaban la obediencia a las señales de Aslan. Se trata, sin duda, de una elocuente alegoría del pecado, que esclaviza al hombre y lo ata bajo el dominio de las tinieblas (*cfr*. Sal 107,14). La lucha de Rilian contra la Dama del Sayo Verde, pues, simboliza el enfrentamiento entre la verdad y el engaño, mientras

246 Para la creación de este nombre, Lewis recurrió a una cabriola filológica, con la que pretendía advertir a sus lectores del peligro que entrañaba dicho castillo: *hard* significa «duro», «violento» e incluso «malo», mientras que *fang* alude a los colmillos venenosos de las serpientes.

247 C.S. LEWIS, *La silla de plata*, en *Las crónicas de Narnia. Obra completa*, 416.

248 *Cf.* C.S. LEWIS, *El deseo del mundo*, en *Mientras cae la ruina y otros poemas*, Encuentro, Madrid 2018, 23-25.

que su liberación marca el triunfo de la luz divina sobre las tinieblas. El contraste entre este reino y la tierra de Aslan refuerza la idea cristiana de que el hombre debe abandonar la oscuridad del pecado para alcanzar la redención.

En esta pugna en la que se debaten los niños en orden a salir de las tinieblas a las que han sido conducidos por sus propias faltas, destaquemos la presencia de Charcosombrío. Este, en efecto, con su actitud solemne y su constante recordatorio de las señales de Aslan, encarna la conciencia moral, que, aunque incómoda, es esencial para mantenerse en el camino correcto[249]. Y es que, ciertamente, sus aportaciones están impregnadas del mustio carácter que indica su nombre, pero les recuerda a los niños en todo momento que deben ser fieles a las indicaciones del león, aunque a veces parezcan difíciles de acometer. Por tanto, su papel como guía y su resistencia a la seducción de la Dama sugieren la importancia de la lealtad y la integridad[250].

2. La influencia de la luna

En el sistema ptolemaico, la luna ocupaba una posición intermedia entre el aire y el éter, es decir, entre el mundo corruptible y el celestial. Esta extraña situación cautivaba el magín de nuestro escritor, que veía en ella

---

249 *Cf.* C.S. LEWIS, *La silla de plata*, en *Las crónicas de Narnia. Obra completa*, 404.

250 «Cuanto más obedezcáis a la conciencia, más os exigirá. Y vuestro yo natural, que de este modo se ve despojado, impedido y preocupado a cada recodo del camino, se pondrá más y más furioso» (C.S. LEWIS, *Mero cristianismo*, Rialp, Madrid 2009[6],205).

una metáfora de la ambigüedad, pues concita en sí misma y a un tiempo tanto el bien como el mal[251]. Por otro lado, y teniendo en cuenta sus fases, Lewis le achacaba el ser taimada, porque a veces se muestra como el objeto más reluctante del cielo, y otras, desaparece sin dejar rastro[252]. No en vano, y en aras de esa anfibología, la luna, en palabras de Lewis, suscita el amor entre un hombre y una mujer..., ¡o los vuelve locos de remate![253]. En cualquier caso, leamos ya los versos que el escritor dedica a nuestro satélite en su obra *Los planetas*:

> Señora Luna, en canoa ligera,
> Por las desembocaduras y bajíos del inquieto país de las nubes
> Navega cada mes; con crisma de rocíos
> Y empapada de sueños, con un encanto lloviznado
> Nos embrujas con trampas, tornando a veces
> Una mente en locura, melancolía pálida,
> Blanqueada de tanto contemplar su rostro

251 *Cf.* C.S. LEWIS, *To Arthur Greeves. Gastons, 18 October 1916*, en *The collected letters of C.S. Lewis*, vol. I, Harper Collins, Londres 2000.

252 *Cf.* M. WARD., *El planeta Narnia*, CEU, Madrid 2022, 196.

253 «En los hombres produce vagabundeo y en dos sentidos. Puede hacer que sean viajero de forma que, como dice Gower, el hombre que nace bajo la luna "busque muchas tierras extrañas"; pero también puede crear extravío del juicio, sobre todo esa locura periódica que antes se designaba con la palabra "lunático"» (C.S. LEWIS, *La imagen del mundo*, Península, Barcelona 1997, 89). Por cierto, que aparece aquí otro elemento que recorrerá *La silla de plata*: el vagabundeo. Y es que, efectivamente, en esta novela adquiere un papel importante el viaje de los protagonistas, mucho más que en otros volúmenes de *Las crónicas de Narnia*.

De orbe y atemporal. En el seno de la tierra,
La lluvia de sus rayos, filos emplumados,
Luz que llega descendiendo, madura la plata,
Formando y creando brillos femeninos;
Metal parecido a una doncella. Su húmedo círculo
Está más cerca de la tierra.

En la Antigüedad, la diosa Luna (o Selene) era hermana del dios Sol y, por ello, tenía una función similar a la de este: alumbrar el mundo con su luz. Sin embargo, y a diferencia de aquel, ella lo hacía de noche, aunque subida igualmente a un carro, pero tirado por caballos de plata. Una de sus leyendas más famosas la vincula al pastor Endimión, que estaba enamorado de ella y que, por tal motivo, le pidió al dios Hipnos poder dormir con los ojos abiertos, para poder admirarla siempre que surcara el firmamento nocturno. Con el tiempo, la mitología terminó confundiéndola con la diosa Diana (o Artemisa). En ambos casos era representada como una bella mujer de pálido rostro y cabellos argénteos, que tenía la capacidad de seducir arteramente a los hombres para usarlos conforme a sus propósitos, que no siempre eran del todo lícitos.

2.1. La Dama del Sayo Verde como símbolo lunar

La Dama del Sayo Verde encarna la belleza seductora y peligrosa asociada a la luna en la literatura medieval, como podemos identificar en estas líneas: «Era una dama montada en un caballo blanco [...], y llevaba un vestido largo y vaporoso de deslumbrante color verde»[254]. En este fragmento, Lewis entrevera un par de pistas, para que el lector asocie a la mujer con el mal y con la luna y, por tanto, para que desconfíe de sus palabras. En primer lugar, el color verde, que enlaza directamente con los lagartos, las serpientes o los dragones, símbolos de la perversidad[255]; en segundo lugar, el adjetivo «vaporoso» (en inglés, *fluttering*, es decir, «ligero»), que alude implícitamente al carácter liviano de la luna que Lewis recoge en su poema *Los planetas*: «Señora luna, en canoa ligera».

La asimilación de la Dama con la luna es mayor, si tenemos en cuenta que, en *Los planetas*, C. S. Lewis destaca lo siguiente: «Nos embrujas con trampas, tornando a veces/ Una mente en locura, melancolía pálida». Ya hemos visto cómo la mujer engaña a los niños para que se encaminen al castillo de Harfang, pero su taimería es más elocuente en la martingala que usa con el príncipe Rilian. Este, en efecto, cayó en su trampa de hermosura y permaneció bajo su poder: «Encantamientos, encantamientos... la pesada, fría y pegajosa telaraña de la magia maligna. Enterrado en vida. Arrastrado bajo tierra, al interior de la ennegrecida oscuridad»[256]. Reparemos que el lugar donde Rilian está cautivo se encuentra precisamente en las regiones inferiores de la tierra, precisamente el reino de la luna.

---

254 C.S. LEWIS, *La silla de plata*, en *Las crónicas de Narnia. Obra completa*, 403.

255 La identificación con las sierpes será plena hacia el final del relato, cuando la Dama del Sayo Verde, en efecto, mute en una de ellas (*cfr.* C. S. LEWIS, *La silla de plata*, en *Las crónicas de Narnia. Obra completa*, 433).

256 C.S. LEWIS, *La silla de plata*, en *Las crónicas de Narnia. Obra completa*, 426.

2.2. El agua y la plata

El atributo tradicional de la luna es el agua, tal vez por la influencia que tiene sobre las mareas[257]. Por este motivo, a lo largo de *La silla de plata*, vemos espolvoreados situaciones, paisajes y expresiones que nos lo evocan: por ejemplo, al principio se nos informa de que Jill Pole[258], la niña protagonista, *llora* al principio en un sendero *húmedo* y que Eustace, para consolarla, se sienta junto a ella en una hierba que está *empapada*; una vez en la tierra de Aslan, la muchacha observa un *riachuelo*, y después, es enviada por sobre el *mar* a Narnia, adonde ella llega, con la ropa *mojada*. Otras palabras que dirigen al lector hacia esa «atmósfera acuosa» en la que Lewis quiere introducirlo podrían ser: «lágrimas», «mojadura», «inundación», «pantano», «lago» y, por supuesto, «agua», elemento omnipresente en el relato; además, Charcosombrío vive en las marismas y es motejado por los como un aguafiestas[259]. Y, claro está, casi toda la aventura transcurre de noche o en la

---

257 *Cf.* M. WARD, *El planeta Narnia*, 453.

258 El nombre de Jill Pole también es importante, porque, por un lado, deriva del término *jilt*, que significa «joven inconstante o frívola», y por el otro, de *pol*, que se traduce en nuestra lengua como «estanque» o alude a las personas que viven junto a uno de ellos; así pues, el nombre de la chica encierra una característica profética de su actuación en el cuento: «la que, siendo inconstante, vive en medio del agua». En efecto, Jill es inconstante por su condición de viajera, y vivirá en medio del agua, porque todo el relato de *La silla de plata* se desarrolla bajo la lluvia o entre pantanos (*cfr.* M. WARD, *El planeta Narnia*, 456).

259 *Cf.* C. S. LEWIS, *La silla de plata*, en *Las crónicas de Narnia. Obra completa*, 402.

oscuridad —elemento fundamental de la categoría lunar— y con la lluvia como factor ubicuo.

En cuanto al metal asociado a la luna, se trata de la plata. Por esta razón, dicho elemento aparece repartido a lo largo de todo el cuento, empezando por su título, que es toda una declaración de intenciones. Pero también lo observamos en detalles como la ringlera de escudos que Jill ve a lo lejos y que refulgen, en efecto, con brillos argentinos; en la cota de malla del anciano rey Caspian, que también es de plata; en la trompetilla del enano Trumpkin, o en la cadena que sostiene la lámpara de la alcoba de Jill en Cair Paravel. Aunque la mención a la plata sea quizás más evidente a medida que los aventureros se acercan al Reino de la Tierra Inferior, donde habita la Dama del Sayo Verde: allí ven que el Padre Tiempo está bañado por una luz de plata; que la armadura negra del príncipe Rilian se torna argéntea cuando es liberado del hechizo de la bruja, y que existe un mundo aún más oscuro donde el consabido metal está vivo y germina como plantas entre las rocas.

3. Otros datos de interés

C. S. Lewis fue acusado por algunos de sus contemporáneos de profesar cierto neoplatonismo, particularmente tras la publicación de este volumen[260]. Sin embargo, él siempre se opuso a estas doctrinas —en su tiempo, muy presentes a través de la antroposofía—, por lo que es más plausible interpretar esta influencia como una

260 *Cf.* M. WARD, *El planeta Narnia*, 229.

cristianización de dicha filosofía[261]. Y esta hipótesis no es en absoluto descabellada, porque tal empresa había sido acometida anteriormente por el mismísimo san Agustín, a quien nuestro autor veneraba (e imitaba) sin tapujos[262].

3.1. El mito de la caverna y los tres mundos

En su diálogo *La República*, Platón presenta el famoso mito de la caverna, donde describe tres mundos: el de las sombras, el sensible y el de las ideas. En el primero solo existen las sombras que son reflejadas sobre una pared; en el segundo, los cuerpos que producen dichas proyecciones, y en el tercero, la luz que origina todo este encadenamiento. Según el pensador, pues, los hombres viviríamos en el primer mundo, pero estaríamos llamados a ascender hasta el tercero, para lo cual necesitaríamos la asistencia de la filosofía.

Este modelo también aparece en *La silla de plata*:

- El mundo de las sombras. Está representado por el Reino de las Profundidades, un lugar de ilusión que aspira a ser la única realidad existente.
- El mundo sensible. Se trata de Narnia, que es tangible y hermoso, pero no definitivo.
- El mundo de las ideas. Por supuesto, se corresponde con la tierra de Aslan, fuente de luz y verdad que otorga sentido a las demás realidades.

---

261 *Cf.* C. S. LEWIS, *Tuesday 8 February 1927*, en *All my road before me. The Diary of C.S. Lewis, 1922-1927*, Harper Collins, Londres, 1993, 449.

262 *Cf.* C.S. LEWIS, *Cautivado por la alegría*, Ediciones Encuentro, Madrid 2008³, 9.

Por tanto, al igual que en el mito platónico, los niños deben ascender progresivamente desde la tenebrosa cueva del Reino del Inframundo hasta la superficie iluminada por el sol. Sin embargo, en lugar de la filosofía, es la fe en Aslan lo que impulsa este ascenso: «Valor, amigos —dijo el príncipe Rilian—. Tanto si vivimos como si morimos, Aslan será nuestro buen señor»[263]. Por cierto, que Lewis conecta esta idea con su propia perspectiva espiritual: «Debo cuidar de no confundir las bendiciones terrenales con aquello otro de lo cual son una copia o un eco. Debo mantener vivo el deseo de mi verdadero país, que no encontraré hasta después de mi muerte»[264].

3.2. La inversión del mito por la Dama del Sayo Verde

Cuando los niños intentan volver a Narnia, la Dama del Sayo Verde procura disuadirlos mediante este singular silogismo: «Habéis visto lámparas, y por lo tanto habéis imaginado una lámpara mayor y mejor y le habéis dado el nombre de "sol". Habéis visto gatos, y ahora queréis uno más grande y mejor, al que se llamará "león" [...]. Fijaos en cómo no sois capaces de introducir nada en vuestra simulación sin copiarlo de mi mundo real, que es el único mundo [...]. No existe Narnia ni Mundo Superior ni cielo ni sol ni Aslan»[265]. Como podemos

263 C.S. LEWIS, *La silla de plata*, en *Las crónicas de Narnia. Obra completa*, 443.

264 C.S. LEWIS, *Mero cristianismo*,149.

265 C.S. LEWIS, *La silla de plata*, en *Las crónicas de Narnia. Obra completa*, 432.

comprobar, la malvada bruja invierte los términos del mito de la caverna: el mundo superior sería una copia del mundo de las sombras; por lo tanto, este último es el único real.

Este silogismo recuerda los postulados de Feuerbach, Freud y Marx, quienes afirmaban que la idea de Dios es una proyección de los deseos humanos insatisfechos, una opinión que Lewis rechazaba categóricamente[266]. Pero la maligna Dama no contaba con la irrupción de Charcosombrío, que, en el colofón del relato, profiere un exabrupto cargado de sentido: «Supongamos que no hemos hecho más que soñar o inventar todas esas cosas: árboles, hierba, sol, luna, estrellas y al mismo Aslan. Supongamos que sea así. Entonces todo lo que puedo decir es que, en ese caso, las cosas inventadas parecen mucho más importantes que las reales [...]. Por eso voy a quedarme del lado del mundo imaginario. Estoy del lado de Aslan incluso aunque no exista ningún Aslan para actuar de guía. Voy a vivir de forma tan parecida a la de un narniano como pueda, aunque no exista Narnia»[267]. Así pues, la fe en Aslan es tan imprescindible para el obrar humano correcto que su existencia resulta del todo incuestionable[268].

---

266 *Cf.* C.S. LEWIS, *El regreso del peregrino*, Planeta, Barcelona 2008, 198-201.

267 C.S. LEWIS, *La silla de plata*, en *Las crónicas de Narnia. Obra completa*, 432.

268 «No soy yo el creador de esa escena, sino Descartes y san Anselmo; simplemente, he tomado el argumento ontológico de ambos y lo he adaptado al lenguaje infantil» (C.S. LEWIS, *To Nancy Warner. The Kilns, Headington Quarry, Oxford, 26 Oct. 63*, en *The collected letters of C.S. Lewis*, vol. III, Harper Collins, San Francisco CA 2007, 1472) [trad.].

3.3. El papel del dolor en la realidad

Charcosombrío también ilustra una idea clave en el pensamiento de nuestro autor: la aflicción como anclaje a la realidad. Así es, en *El problema del dolor*, C. S. Lewis defiende que, mientras que el placer nos eleva a sueños engañosos, el daño nos retiene en este mundo, para que caigamos en la cuenta de su autenticidad[269]. Pues bien, en el momento en el que Charcosombrío está siendo encalabrinado, tropieza con el brasero de la estancia y experimenta su quemadura, algo que lo espabila de inmediato y le ayuda a recordar su vida en Narnia. Y es que, como el propio Lewis especifica: «No hay como una punzada de dolor para disolver ciertas clases de magia»[270].

---

269 *Cf.* C. S. LEWIS, *El problema del dolor*, Rialp, Madrid 2010⁹, 97.

270 C. S. LEWIS, *La silla de plata*, en *Las crónicas de Narnia. Obra completa*, 432.

El caballo y el muchacho (1954)

La historia está protagonizada por Shasta, un joven huérfano que vive en Calormen. Cierto día, descubre que su tutor quiere deshacerse de él, por lo que emprende un peligroso viaje hacia el norte en compañía de Bree, un caballo parlante. Pero no harán el camino solos, porque, durante el trayecto, se verán acompañados por Aravis y Hwin: la primera, una joven noble calormena; la segunda, otra yegua parlante. Todos juntos, pues, enfrentarán numerosos desafíos que pondrán a prueba su valor y su lealtad.

C.S. Lewis escribió esta novela en quinto lugar, pero se trata en realidad de la tercera conforme al orden cronológico interno. A diferencia de lo que hemos visto hasta ahora, toda ella transcurre en Narnia, sin referencia alguna a nuestro mundo (este recurso solo volverá a aparecer en *La última batalla*). El motivo es que nuestro escritor quiso centrarse en sus vivencias espirituales, aquellas que desembocaron finalmente en su conversión.

Es importante destacar este punto, porque, en sus memorias, Lewis especifica que él afrontaba a diario dos tipos de vida independientes entre sí: la *exterior*, es decir, aquella que se veía afectada por los asuntos cotidianos (el trabajo, los estudios, las amistades, la familia, etcétera); y la *interior*, donde se veía desbordado por todas esas experiencias espirituales e imaginativas[271]. Para él, por supuesto, esta última era más auténtica. Tanto es así, que, como sabemos, será en ella donde tendrá sus tres encuentros con la Alegría y donde cultivará su «pasión por lo nórdico»: ello se verá reflejado, sobre todo,

---

271 *Cf.* C.S. LEWIS, *Cautivado por la alegría*, Ediciones Encuentro, Madrid 2008[3], 69.

en la actitud de Shasta, cuyas miradas ansiosas al norte nos recuerdan ese anhelo de Lewis por encontrar un mundo mejor que el nuestro.

Por otro lado, debemos saber que Lewis dedicó esta novela a los hermanos David y Douglas Gresham, sus hijastros. Estos, como indicamos, eran maleducados, revoltosos y egoístas, por lo que el escritor quiso instruirlos en las buenas maneras mediante este texto[272]. De este modo, por ejemplo, advierte que está mal escuchar detrás de las puertas[273]; subraya la importancia de obedecer a los padres[274]; apremia a decir siempre la verdad[275]; recuerda que no se debe robar[276] y, por último, a no emitir juicios temerarios sobre nadie[277]. Sin duda, todo un tratado de buenos modales intercalado hábilmente en un relato infantil.

---

272 *Cf.* L.D. GONZÁLEZ, *Una magia profunda*, Palabra, Madrid 2005², 88-90.

273 *Cf.* C.S. LEWIS, *El caballo y el muchacho*, en *Las crónicas de Narnia. Obra completa*, 141.

274 *Cf.* Ibid., 142.

275 *Cf.* Ibid., 164.

276 «Ni los caballos libres ni los caballos parlantes deben robar, desde luego» (C.S. LEWIS, *El caballo y el muchacho*, en *Las crónicas de Narnia. Obra completa*, 145).

277 «La idea que Shasta tenía de Aravis volvía a ser totalmente errónea. La chiquilla era orgullosa y podía ser muy difícil de tratar, pero era de fiar como el acero y jamás habría abandonado a un compañero, tanto si este le caía bien como si no» (C.S. LEWIS, *El caballo y el muchacho*, en *Las crónicas de Narnia. Obra completa*, 166).

1. Desentrañando la novela

C.S. Lewis entendió esta novela como una explicitación imaginativa de sus vivencias espirituales: los encuentros con la Alegría, la *santidad*, la «pasión por lo nórdico», etcétera. Todos ellos, como sabemos, fueron acicates emocionales que lo conducirían finalmente a su conversión. En este sentido, resulta sintomático que el muchacho protagonista —sin duda, *alter ego* del propio escritor— habite en el desierto, pues Lewis mismo dirá que él se sentía así después de experimentar aquellas mociones divinas[278].

1.1. El anhelo por el Norte y la providencia divina

En *El caballo y el muchacho*, Shasta dirige ansiosas miradas al norte de Calormen: allí divisa unas colinas verdes tras las cuales se yergue el país de Narnia. Este es un dato que enlaza directamente con la biografía del escritor, pues dice: «Allí estaban a diario lo que llamábamos las "verdes colinas", esto es, las faldas de los montes Castlereagh, que veíamos desde las ventanas del cuarto de jugar»[279]. Así pues, aquellas «verdes colinas» fungían para Lewis como una especie de utopía, en la que radicaba la dicha que no terminaba de encontrar en nuestro mundo; y como aquella ventana desde la que veía las «verdes colinas» miraba al norte, podemos entender por qué nuestro escritor localizaba su particular universo imaginativo en dicho punto cardinal.

278 *Cf.* C.S. LEWIS, *Cautivado por la alegría*, 144.

279 Ibid., 14.

Ese «Norte imaginativo» se convirtió para Lewis en una auténtica obsesión, pues a veces salía a la montaña con el solo propósito de encontrar paisajes que le evocasen los mitos noruegos; o bien, escuchaba una y otra vez la música de Wagner, para embeberse del ambiente nórdico que tanto anhelaba. Incluso llegó un momento en que otorgó mayor credibilidad a los dioses norteños que al mismísimo Dios. Todo esto, sin embargo, es interpretado por el escritor como el camino necesario que tuvo que recorrer para llegar finalmente a la meta de su propia conversión: «A veces pienso que me volvía a los dioses falsos para adquirir alguna capacidad de adoración con vistas al día en que el verdadero Dios me llamase a él»[280].

Sin duda, pues, C.S. Lewis identificó la mano de la Providencia en su largo sendero de vuelta al cristianismo. Por este motivo, en la novela que nos ocupa, refiere el cuidado continuo de Shasta por parte de Aslan: «Yo fui el león que no recuerdas y que empujó el bote en el que yacías, una criatura al borde de la muerte, de modo que llegaras a la orilla donde estaba sentado un hombre, desvelado a medianoche, para recibirte»[281]. Dios, por tanto, está presente de manera misteriosa en la biografía de todo hombre, y dirige sus destinos para conducirlo hasta él (*cfr.* Rom 8,30).

---

280 Ibid., 67.

281 C.S. LEWIS, *El caballo y el muchacho*, en *Las crónicas de Narnia. Obra completa*, 191.

1.2. La redención a través del dolor

A juicio de Lewis, la Providencia también actúa mediante el dolor, a fin de revelar el daño causado y abrir el camino al arrepentimiento. Esto es ilustrado por el escritor cuando Aslan inflige a Aravis tres zarpazos en la espalda, equivalentes a los azotes que ella propinó en el pasado a una de sus esclavas: «Los arañazos de tu espalda, desgarrón a desgarrón, punzada a punzada, gota de sangre a gota de sangre, eran idénticos a los azotes dados en la espalda de la esclava de tu madrastra por culpa del sueño drogado que le provocaste»[282]. Por supuesto, esta actuación de Aslan encuentra su fundamento en la Biblia, donde Dios utiliza igualmente el dolor para enmendar el daño causado (*v.gr.* 2 Sam 12,1-14).

Por otro lado, C.S. Lewis había asumido la idea de que el dolor propio aliviaba de algún modo el sufrimiento de los demás; más aún cuando ese dolor era llevado con amor, pues Cristo mismo había soportado los padecimientos de la cruz por amor a nosotros[283]. De hecho, él se sentía muy contento cuando, durante el transcurso de la enfermedad de su esposa, tenía que experimentar alguna contrariedad, ya que así calmaba de alguna manera las dolencias de ella[284]. Y así, en la novela podemos descubrir algún pasaje mediante el que Lewis

---

282 Ibid., 203.

283 *Cf.* C.S. LEWIS, *To Sheldon Vanauken. Magdalen College, Cambridge, Nov 27th 1957*, en *The collected letters of C.S. Lewis*, vol. III, Harper Collins, San Francisco CA 2007, 959.

284 *Cf.* C.S. LEWIS, *To R.W. Chapman. Magdalene College, Cambridge, Dec 3, 1957*, en ibid., 902.

pretende ejemplificar esa «aflicción vicaria» a la que él tanto valor otorgaba.

1.3. Paralelismos bíblicos

Lewis no renuncia a mantener su relato en el riel de la Escritura. Por este motivo, en *El caballo y el muchacho* podemos encontrar dos escenas que nos retrotraen de inmediato a ella: por un lado, el encuentro de Shasta con Aslan[285], similar al de san Pablo con Cristo resucitado (*cfr.* Hch 9,3-7); por el otro, el diálogo entre Bree y el Gran León[286], muy parecido al que santo Tomás mantiene con el Señor (*cfr.* Jn 20,27-29). Aunque hay otra historia que recorre las páginas de la novela y que también remite a la Biblia.

Nos referimos al viaje de Shasta, que nos evoca indefectiblemente al relato bíblico de Tobías. Así es, al igual que Tobías fue guiado por san Rafael para cumplir su destino y unirse a Sara (*cfr.* Tob 5,4-6), Shasta es conducido por Aslan para encontrarse con Aravis, con quien finalmente contraerá matrimonio. La Providencia, por tanto, actúa para unir sus vidas y cumplir un propósito mayor.

---

285 *Cf.* Ibid., 190-191.

286 «Ahora, Bree, pobre caballo orgulloso y asustado, acércate. Más cerca, hijo mío. No tengas miedo de atreverte. Tócame. Olfatéame. Aquí están mis zarpas; aquí tienes mi cola; estos son mis bigotes» (C.S. LEWIS, *El caballo y el muchacho*, en *Las crónicas de Narnia. Obra completa,* Ibid., 202).

2. La influencia de Mercurio

Mercurio, es el primer planeta supralunar según el sistema ptolemaico; por esta razón, ocupa un lugar ambiguo en la cosmología medieval. Al estar próximo tanto a la luna como a la tierra, conserva ciertas imperfecciones asociadas a la mutabilidad de ambos mundos, mientras que también refleja la excelencia del éter, es decir, la sustancia pura y eterna que anima las esferas celestiales. Esta dualidad se refleja en las atribuciones de Mercurio: es patrono de poetas, letrados y artistas, pero también de ladrones, engaños y martingalas. En su poema *Los planetas*, C. S. Lewis lo describe de la siguiente manera:

> Después, más allá de ella,
> Mercurio marcha; descabezado trotamundos,
> Patrón de saqueadores. El descarado mercurio
> Su mirada engendra, mineral de duende,
> Multitud alegre de sí mismo, igual pero fundido.
> Desde las tinieblas del alma, con el caduceo envuelto,
> Palabras que él manda, guía y reúne; líder alegre
> De reunidas fantasías. Su pedernal ha encendido
> La chispa del habla desde la yesca del espíritu,
> ¡Señor del lenguaje! Él lleva para siempre
> La lentejuela y el esplendor, deporte que mezcla
> En un parón sutil, el sonido con los sentidos,
> Las palabras en matrimonio y enlaza, también,
> La cosa con el pensamiento.

Según la mitología clásica, Mercurio (o Hermes) es el mensajero de los dioses, y de su iconografía destacan las alas que nacen en sus tobillos; por esta razón, en *El caballo y el muchacho* podemos encontrar sutiles referencias a dicho atributo[287]. También era el encargado de velar por la seguridad de los viajeros, por lo que la novela hace hincapié en el cuidado de Aslan por sobre los protagonistas. Igualmente, Mercurio tenía la encomienda de guiar las almas de los difuntos hasta el inframundo, razón por la cual en el relato hay una mención explícita a las tumbas de los antepasados calormenos. Finalmente, y como hemos señalado, este es el dios de la buena dicción y de la dualidad, facultades que analizaremos a renglón seguido.

2.1. Mercurio y el lenguaje

En *Los planetas*, Lewis llama a Mercurio «Señor del lenguaje», y esta prerrogativa está muy presente en las páginas de *El caballo y el muchacho*. Por ejemplo, la cultura calormena goza de una oratoria harto elevada, como así es indicado por Aravis: «En Calormen, el arte de la narración, tanto si los relatos son ciertos como si son inventados, es algo que a uno le enseñan, del mismo modo que a los chicos y chicas de nuestro mundo se les enseña a escribir redacciones»[288]. Incluso el caballo Bree reconoce la calidad de la narración de Aravis: «Silencio, señora, silencio. Nos lo está contando en el solemne estilo de Calormen, y ningún narrador de la corte de un tisroc lo haría mejor»[289]. No en balde, recordemos que

287 *V.gr.*, el yelmo del soldado de Archenland, adornado por un par de alas (*cfr.* C. S. LEWIS, *El caballo y el muchacho*, en *Las crónicas de Narnia. Obra completa*, 157).

288 C.S. LEWIS, *El caballo y el muchacho*, en *Las crónicas de Narnia. Obra completa*, 150.

289 Ibid., 151.

Lewis afirma en su poema que Mercurio sabe enlazar magistralmente «el sonido con los sentidos».

Sin embargo, esta sofisticación contrasta con la poesía narniana, que los calormenos consideran menos refinada; de hecho, al final del relato, cuando los niños protagonistas son invitados a participar en un recital narniano, se aburren soberanamente, porque ellos prefieren los versos calormenos, mucho más delicados[290]. C.S. Lewis subraya la diferencia entre ambas tradiciones poéticas para destacar la riqueza y diversidad del lenguaje, que es, como hemos indicado, una de las prerrogativas de Mercurio. Pero sigamos indagando en los atributos de este dios.

2.2. La dualidad de Mercurio

Mercurio es una divinidad dual, descrito por este motivo en *Los planetas* de Lewis como «igual pero fundido». Esta dualidad está presente a lo largo de *El caballo y el muchacho*, pero se manifiesta sobre todo a través de diversos pares opuestos. Los más relevantes son los que siguen:

- **Shasta y Corin.** Estos gemelos representan personalidades antitéticas: mientras que Shasta es reflexivo y humilde, Corin es impulsivo y valiente.
- **Aravis y Lasaraleen.** Estas dos figuras femeninas encarnan valores opuestos: una es decidida y valiente, mientras que la otra es frívola y conformista.

290 *Cf.* Ibid., 209.

- **Archenland y Calormen.** Son dos reinos que simbolizan principios morales y culturales diferentes.

Este evidente dualismo emparenta de manera directa con la astrología medieval, porque Mercurio es el planeta que rige la constelación de Géminis. Esta formación estelar, en efecto, está asignada a los hermanos Cástor y Pólux: el uno, un gran jinete; el otro, un excelente luchador. Conviene que reparemos en este detalle, porque Lewis toma como modelo a esta pareja para crear a los gemelos Cor y Corin: mientras que Cor (o Shasta) pasa la mayor parte del relato a lomos de un caballo, Corin está siempre dispuesto a entablar batalla[291]. Al margen de esto, encontramos la dualidad en otros aspectos, como la montaña de dos cumbres a las que los muchachos deben encaminar sus pasos o la mención a un gigante bicéfalo.

2.3. Mercurio como símbolo del amor verdadero

El planeta Mercurio domina igualmente la constelación de Virgo, una agrupación de estrellas que, claro está, alude a una virgen (según la mitología grecorromana, representada por Diana). Este detalle nos ayuda a comprender el porqué de la importancia que la novela otorga a la integridad de las dos muchachas protagonistas: Aravis y Susan. Aravis, en efecto, comienza su odisea después de que su padre la haya prometido en matrimonio al gran visir de Tashbaan[292]; y Susan quiere re-

291 *Cf.* Ibid., 210.

292 *Cf.* Ibid., 152.

huir del cortejo de Rabadash[293]. De algún modo, pues, ambas historias refieren un relato sobre la preservación de la virginidad..., al menos hasta los desposorios con la persona adecuada[294].

En efecto, Mercurio también es patrono de los cónyuges, como Lewis refiere en *Los planetas*: «Enlaza las palabras en matrimonio». Por este motivo, Aravis se casará finalmente con Shasta (o Cor), el único enlace que encontramos en *Las crónicas de Narnia*. Advirtamos, para mayor apoyo de esta teoría, que *cor* es una palabra de origen latino que se traduce como «corazón», símbolo irrefutable del amor verdadero.

2.4. Mercurio, patrono de viajeros y ladrones

En *Los planetas*, Lewis especifica que el dios Mercurio es «descabezado trotamundos» y «patrón de saqueadores», y ambos factores aparecen de continuo en la novela. De este modo, si nos fijamos bien, todo el relato es un viaje constante hacia el norte en el que los niños y los caballos visitan diversas localizaciones de la geografía calormena; además, hay un indicio de premura que sobrevuela el cuento y que, por ende, aviva la presencia del dios mensajero, veloz por antonomasia (las rápidas cabalgadas, por ejemplo, se repiten una y otra vez). Incluso Shasta debe servir de heraldo para comunicar cuanto antes la invasión de Archenland por parte de Calormen[295].

---

293 *Cf.* Ibid., 159.

294 *Cf.* M. WARD, *El planeta Narnia*, CEU, Madrid 2022, 468.

295 *Cf.* C.S. LEWIS, *El caballo y el muchacho*, en *Las crónicas de Narnia. Obra completa*, 185.

Por otro lado, en Tashbaan, los niños deben disfrazarse para pasar desapercibidos entre el gentío, y a fin de sobrevivir, hasta se dedican al pillaje, pese a que no les agrade: «Aunque a nadie le gustaba demasiado, fue el plan de Hwin el que adoptaron al final. Resultó bastante molesto e implicó un poco de lo que Shasta llamó robar, y Bree denominó "una incursión". Un granjero perdió unos cuantos sacos aquella tarde, y otro, un rollo de cuerda la siguiente; pero adquirieron y pagaron honradamente en un pueblo algunas andrajosas prendas viejas para Aravis»[296]. Es significativo que Lewis haya acotado esta última acción, pues Mercurio no solo es patrono de los ladrones, sino también de los comerciantes[297].

2.5. El simbolismo del azogue

El metal asociado a Mercurio es el azogue, caracterizado por su brillo y fluidez. Aunque no aparece directamente en la novela, su simbolismo está presente en dos escenas clave. La primera de ellas, cuando los aventureros atraviesan el desierto de Calormen: «Bajo la luz de la luna, el desierto, en todas direcciones y hasta donde alcanzaba su vista, brillaba como si fuera una lisa superficie de agua o una bandeja de plata»[298]. En la tabla periódica, el mercurio figura como Hg, es decir, hidrargirio: si tenemos en cuenta que este término está compuesto por las palabras «agua» y «plata», nos percataremos que son

296 Ibid., 154.

297 M. WARD, *El planeta Narnia*, 262.

298 C.S. LEWIS, *El caballo y el muchacho*, en *Las crónicas de Narnia. Obra completa*, 179.

justamente estos dos elementos los que aparecen en la descripción que acabamos de leer.

La segunda escena parece traída por los pelos, pero es igualmente válida. Como todo el mundo sabe, la propiedad más identificativa del mercurio es la cohesión térmica, consistente en la agrupación de sus partes bajo la acción del calor; pues bien, los hermanos Shasta y Corin, que habían sido separados al nacer, se reúnen finalmente en Calormen, un desierto azotado por el sol. En español no parece necesario desgranar la etimología de Calormen, pero sí lo requiere en inglés: *calor* proviene del latín, pero significa lo mismo que en nuestro idioma; *men* es el plural de «hombre». Así pues, los hombres bajo el sol tienden a unirse, como el mercurio.

3. Otros datos de interés

En *El caballo y el muchacho* destaca la presencia del pueblo calormeno, que evoca sin duda a las naciones mahometanas. Este paralelismo se evidencia especialmente durante la visita de los niños a la ciudad de Tashbaan, la cual se asemeja a las imágenes que asociamos con el islam: mercadeo, caballos, regateo, bisutería, minaretes... y un gran visir como consejero del gobernante. Además, los calormenos adoran a un dios distinto al de los narnianos, Tash, cuya figura se presentará con mayor relevancia en *La última batalla*. Este detalle ha llevado a algunos estudiosos actuales a tildar a Lewis de islamófobo[299]; sin embargo, no debemos caer en ese reduccionismo. Veamos el porqué.

---

299 *Cf.* L.D. GONZÁLEZ, *Una magia profunda*, 103.

3.1. La influencia del orientalismo en Calormen

Para entender por qué Lewis construyó un pueblo como Calormen, es necesario considerar el contexto cultural en el que escribió. En la década de los 50, muchas ideas colonialistas y orientalistas del siglo XIX seguían vigentes en la cultura anglosajona. Estas perspectivas eurocéntricas retrataban el Oriente —el Medio Oriente, Asia y el norte de África— como un lugar exótico y primitivo, en contraste con la supuesta racionalidad y civilización del Occidente. Lewis, consciente de estas representaciones, las aprovechó para crear una discordancia cultural entre Narnia y Calormen.

Probablemente, las fuentes que inspiraron a Lewis son las que siguen:

1. ***Las mil y una noches* (1895).** La traducción anotada de Sir Richard F. Burton, que Lewis admiraba[300], introdujo esta colección de cuentos al público inglés, pero con un tono marcadamente orientalista: los relatos exóticos y sensuales, llenos de sultanes, serrallos y magia, contribuyeron a crear una imagen romántica del Oriente. Esta visión contrastaba con la sedicente percepción del orden civilizado y moral del Occidente británico.
2. ***Kim* (1901)**. En esta novela, que Lewis leyó de niño[301], Rudyard Kipling retrata la India bajo

300 *Cf.* C. S. LEWIS, *To Carol Jenkins, Magdalen College, Oxford, 22nd January 1952*, en *The collected letters of C.S. Lewis*, vol. III, 160.

301 *Cf.* C.S. LEWIS, *To his father, Gastons, 3 February 1915*, en *The collected letters of C.S. Lewis*, vol. I, Harper Collins,

el dominio británico como un lugar enigmático, lleno de intrigas y secretos, en contraste con la eficiencia y el orden que se asocia con el Occidente colonial inglés. Por este motivo, aunque celebra la diversidad cultural, también refuerza la idea de que el Oriente necesita la guía de Occidente.

3. **Los poemas de Lord Byron.** Byron es uno de los poetas románticos más influyentes, por lo que también empapó la imaginación de nuestro escritor[302]. Él idealizó el Oriente como un lugar de pasión y exotismo, aunque también lo representó como opresivo y violento. Así pues, y en sus escritos, contrasta la cultura oriental con los valores liberales y la idea de libertad personal que representa Occidente. Esta dicotomía, por supuesto, influiría en muchos escritores británicos, incluyendo a Lewis.

Como vemos, pues, la literatura británica decimonónica utiliza el concepto oriental para representar lo extraño y lo misterioso en comparación con Occidente. Este uso no solo reflejaba las actitudes coloniales de la época, sino que también construía una disyuntiva entre dos mundos que se percibían como fundamentalmente distintos: el Oriente como un espacio de tiranía y el Occidente como símbolo de racionalidad, libertad y orden. Por este motivo, podríamos decir que Lewis no tenía la intención de criticar el mahometismo, sino crear un contraste cultural entre dos civilizaciones distintas.

Londres 2000, 106.

302 *Cf.* C.S. LEWIS, *To His Brother. The Kilns, March 3rd 1940*, en *The collected letters of C.S. Lewis*, vol. II, Harper Collins, Nueva York NY 2004, 361.

EL SOBRINO DEL MAGO (1955)

La historia de *El sobrino del mago* se desarrolla inicialmente en el Londres de 1900 y sigue a dos niños, Digory y Polly. Estos, gracias a unos anillos mágicos creados por el excéntrico Tío Andrew, viajan a un «portal entre mundos». Uno de estos portales los conduce a Charn, una ciudad devastada: allí despiertan a la bruja Jadis, que, tras una serie de dimes y diretes, vuelve con ellos a Londres, donde desata el caos. Posteriormente, y haciendo uso nuevamente de los anillos, llegan a un mundo en formación: Narnia. Allí, Aslan crea el universo con su canto y encomienda a Digory una misión para reparar el mal introducido por Jadis.

Este libro fue el penúltimo en ser publicado, pero el primero conforme al orden cronológico interno. Curiosamente, fue pensado por Lewis justo después de escribir *El león, la bruja y el armario*, pero no le otorgó su forma definitiva hasta entonces, pues los temas que pretendía abordar en él eran muy oscuros para sus lectores infantiles[303]. Uno de esos temas es la enfermedad de la madre del protagonista, un asunto que atañía especialmente a nuestro escritor.

Además de los datos biográficos que subyacen tras la novela, podemos encontrar referencias bibliográficas de aquellos libros que cautivaron la imaginación de Lewis durante su niñez: por ejemplo, las aventuras de Sherlock Holmes y de los Bastable[304]. Con este breve apunte, pues, C.S. Lewis nos sumerge asimismo en su universo imaginativo, aquel en el que él se refugiaba

303 *Cf.* L.D. GONZÁLEZ, *Una magia profunda*, Ediciones Palabra, Madrid 2005², 91.

304 *Cf.* C.S. LEWIS, *El sobrino del mago*, en *Las crónicas de Narnia. Obra completa*, Editorial Planeta, Barcelona 2006, 10.

cuando la hórrida realidad lo acechaba. Pero hay más, porque Digory aludirá a *La isla del tesoro* cuando hable acerca de su tío Andrew[305]; la ciudad de Charn será un símil de las ruinas aparecidas en *Las minas del rey Salomón* (1885), y los estropicios causados por Jadis en Londres serán un eco de la *Historia de un amuleto*, de Edith Nesbit[306].

1. Desentrañando la novela

Evidentemente, la catequesis que Lewis pretende inculcar a través de esta novela pivota sobre la creación y el pecado. Cuando los protagonistas del relato llegan a Narnia, descubren un lugar que muy poco tiene que ver con el país que aparecerá en los sucesivos volúmenes. Además, dicho mundo se verá mancillado desde el principio por la acción del mal, que ellos deberán confrontar con la ayuda del Gran León.

1.1. La creación de Narnia

Cuando los protagonistas del relato llegan a Narnia, descubren un lugar que muy poco tiene que ver con el país que conoceremos en los otros volúmenes: «Estaba tan oscuro que no se podían ver entre sí, y tampoco existía ninguna diferencia entre tener los ojos cerrados o abiertos. Bajo los pies tenían algo frío y plano, que podía haber sido tierra y que, desde luego, no era ni hierba ni madera. El aire era frío y seco, y no soplaba

305 *Cf.* Ibid., 11.

306 *Cf.* L.D. GÓNZÁLEZ, *Una magia profunda*, 94.

viento»[307]. Por supuesto, estas palabras nos retrotraen al libro del Génesis: «La tierra estaba informe y vacía; la tiniebla cubría la superficie del abismo, mientras el espíritu de Dios se cernía sobre la faz de las aguas» (Gén 1, 2). Gracias a este cotejo, podemos entender que Lewis, en efecto, intenta trasladarnos a ese primer instante de la formación del mundo.

Al respecto, es interesante destacar el modo en que Aslan lleva a cabo la creación de Narnia: a través del canto. Claro está, esto es un símbolo de la armonía primigenia que Dios concedió a la naturaleza; sin embargo, reparemos en que es el mismo sistema del que, en la mitología de Tolkien, se sirve el dios Eru para formar la Tierra Media. Una vez más nos enfrentamos a la sospecha de plagio que se cernía sobre Lewis, pero tanto para este como para aquel, el canto como instrumento creativo subrayaba el poder de la palabra y del arte como reflejo del acto creador divino[308]. Por consiguiente, no hay lugar para la copia, sino para la explicitación de un convencimiento común que abundaba en el intelecto de ambos autores.

1.2. El jardín del Edén

En la novela aparece un trasunto de nuestros primeros padres: Frank y Helen (el nombre de Helen, por supuesto, evoca al de Helena de Troya, cuyo mito citaremos abajo). Después de ser creados, en efecto, Adán y

---

307 C.S. LEWIS, *El sobrino del mago*, en *Las crónicas de Narnia. Obra completa*, 42.

308 *Cf.* S CALDECOTT, *El poder del anillo*, Ediciones Encuentro, Madrid 2013, 204.

Eva reciben el encargo de cuidar la obra del Creador y de otorgarles nombres a cada una de las criaturas (*cfr.* Gén 1, 28-30). Frank y Helen, pues, reciben la misma encomienda por parte del león: «"Hijos míos —dijo Aslan, clavando los ojos en ambos—, seréis el primer rey y la primera reina de Narnia [...]. Gobernaréis y pondréis nombre a todas estas criaturas, y haréis justicia entre ellas. También las protegeréis de sus enemigos cuando los enemigos surjan; y surgirán, pues hay una bruja malvada en este mundo"»[309]. Evidentemente, la mentada bruja es Jadis.

1.3. El pecado y la tentación

La narrativa de *El sobrino del mago* está profundamente influenciada por el relato de la caída de Adán (*cfr.* Gén 3,11-13). Lewis, sin embargo, divide esta escena en dos capítulos diferentes: por un lado, aquel en el que Digory enfrenta la tentación de golpear la campanilla que despertará a Jadis; por el otro, de mayor similitud con la Escritura, aquel en el que el muchacho debe coger la manzana de la eterna juventud. En ambos casos, no obstante, la guía bíblica es notoria.

Conviene destacar que, de la misma manera que Adán procura excusar su comportamiento, el muchacho Digory escurre el bulto para exonerarse de su culpa: «"Fue mi tío", dijo [...]. "¿Encontrasteis a la bruja?", inquirió Aslan en una voz baja que llevaba en ella la amenaza de un gruñido. "Despertó —respondió él, desconsolado; y a continuación, palideciendo

309 C.S. LEWIS, *El sobrino del mago*, en *Las crónicas de Narnia. Obra completa*, 56.

intensamente—. Quiero decir, la desperté. Porque quería saber qué sucedería si golpeaba la campana [...]. Creo que estaba un poco hechizado por lo que había escrito debajo de la campana". "¿De verdad?", preguntó Aslan; hablando aún con voz baja y profunda. "No. Ahora me doy cuenta de que no era así. Solamente lo fingía"»[310]. Si retomamos el relato bíblico, constataremos su clara influencia.

Ni Adán ni Eva admitieron su culpabilidad, igual que hace al principio el protagonista de *El sobrino del mago*. Este último, sin embargo, después de ser acezado por la mirada de Aslan, asume su mala intención. Tal vez Lewis, con esta disculpa por parte de Digory, quisiera enmendar la actuación de nuestros primeros padres, como en *El león, la bruja y el armario* corrigió la de Judas Iscariote a través de Edmund.

1.4. La redención y la promesa de Aslan

En cuanto Aslan tiene constancia de la malvada acción de Jadis, se ofrece ya como víctima expiatoria, una promesa que cumplirá en *El león, la bruja y el armario*. Lo hace de la siguiente manera: «No os sintáis abatidos. Surgirá maldad de ese mal, pero ese momento está aún muy lejano y me encargaré de que lo peor caiga sobre mi persona»[311]. Esta frase enlaza directamente con aquella que Dios pronunció contra la serpiente en el Génesis tan pronto como Adán hubo pecado: «Pongo hostilidad entre ti y la mujer, entre tu descendencia y su

310 Ibid., 55.

311 Ibid.

descendencia; esta te aplastará la cabeza cuando tú la hieras en el talón» (Gén 3,15).

En esta profecía bíblica, el pronombre demostrativo «esta» ha suscitado grandes controversias a lo largo de la historia: ¿alude a la mujer o alude a la descendencia de la mujer? La teología católica apuesta por el primer sentido, aunque sin menoscabar el segundo; de este modo, descubre en esas palabras una mención implícita a la Virgen María, de quien nacería el redentor que acabaría definitivamente con el poder del diablo. La teología protestante, en cambio, prefiere el segundo significado, por lo que «esta» haría referencia directa a la descendencia de la mujer, es decir, a Cristo. Como Lewis bebía a espuertas de esta teología protestante, nosotros estamos persuadidos de que ese es el sentido que él otorgaba al oráculo del Génesis.

2. La influencia de Venus

En la cosmología ptolemaica, Venus se ubicaba en una esfera más allá de la de Mercurio, pero por debajo del sol. Su proximidad a este y a la tierra, por tanto, hacían que el planeta fuese particularmente importante para los asuntos relacionados con el mundo físico y las emociones humanas. De este modo es descrito por Lewis en su poema *Los planetas*:

> En la tercera región,
> Venus viaja..., pero mi voz se quiebra;
> Grosera rima que daña su belleza,
> Cuyos senos y cejas, y la dulzura de su aliento,
> Embruja mundos. Amplía el reino
> De su centro secreto en las cavernas del mar,

En la hierba que crece y en el brotar del grano,
En el despliegue de la flor y en el anhelo de la carne,
Y en la lluvia que cae fuerte en abril.
El cobre metálico en la mina enrojece
Con brillo sordo, como de oro apagado
Por sus dedos formado.

Venus (o Afrodita) nació de los genitales de Urano, que habían sido sajados y arrojados al mar por Saturno, el dios del tiempo. Como todo el mundo sabe, emergió de una concha y fue destinada, paradójicamente, a patrocinar el amor sensual entre hombres y mujeres. Estaba casada con Vulcano (o Hefesto), pero alternaba con el dios Marte y, a veces, con el mortal Adonis. Aunque quizás la leyenda más famosa en torno a ella sea la que incoó la guerra de Troya. Durante las bodas de Tetis y Peleo, en efecto, la diosa de la discordia, Eris, arrojó una manzana con esta inscripción: «Para la más bella». Hera, Atenea y Afrodita disputaron entre sí a fin de obtener tal galardón; como no se avenían, Zeus nombró juez al troyano Paris, que se decantó por Afrodita, quien bajo cuerda le había prometido el amor de Helena de Grecia, esposa de Menelao, rey de Esparta. El resto es historia.

Por todos estos motivos, Venus es nombrada protectora del amor y la belleza, pero también de la sensualidad cruel y de la guerra; es llamada Acidalia (del griego, ακιδεσ, es decir, «cuidado» o «problema»), Áurea, Victrix (o vencedora) y Genetrice (del latín *genetrix*, esto es, «madre» o «engendradora») y para Lewis, también es la divinidad de la risa[312]. Sus atributos propios son la

312 *Cf.* C. S. LEWIS, *Los cuatro amores*, Rialp, Madrid 2021[17], 132.

concha, la paloma, el delfín, el mirto y la manzana. Esta fruta, como hemos estudiado, jugará un papel relevante en la novela que nos ocupa, y será asimismo motivo de discordia.

2.1. La belleza y el peligro

Ciertamente, en *Los planetas*, Lewis dice lo siguiente acerca de Venus: «Cuyos senos y cejas, y la dulzura de su aliento,/ embruja mundos». Venus, en efecto, es la diosa de la belleza, y se sirve de esta cualidad para engatusar a los hombres y conducirlos según sus nefastos intereses. De este modo, observamos cómo el Tío Andrew se enamora perdidamente de Jadis, pero ella lo trata con inusitado desdén, ya que solo desea servirse de su pretendida magia para domeñar el mundo: «¡Levántate, perro, y no te quedes ahí tumbado como si hablaras con tus iguales!»[313]. Así pues, su capacidad para subyugar a los hombres, como ocurre con el Tío Andrew, ejemplifica el lado oscuro del encanto venusino.

El peligro de Venus también es representado por la actitud de la bruja respecto a su propio mundo, Charn. En efecto, cuando los niños llegan a la ciudad, descubren que esta ha sido asolada completamente por la guerra; en concreto, por un conjuro devastador proferido por Jadis: la Palabra Deplorable. A pesar de las funestas consecuencias de dicho hechizo, Jadis se jacta de su hazaña, pues le ha merecido la victoria (recordemos que Venus, en la Antigüedad, también era invocada como Victrix, es decir, Vencedora). Como vemos, pues,

---

313 C. S. LEWIS, *El sobrino del mago*, en *Las crónicas de Narnia. Obra completa*, 33.

la diosa del amor no actúa siempre conforme a los designios del corazón humano, sino que se sirve de este para obrar según su propia voluntad.

2.2. La fecundidad y la risa

Otra advocación importante de Venus es Genetrice, que quiere decir «madre» o «engendradora». En *Los planetas*, nuestro escritor dice: «De su centro secreto en las cavernas del mar,/ En la hierba que crece y en el brotar del grano/ En el despliegue de la flor y en el anhelo de la carne». Y así, cuando asistimos en la novela a la creación de Narnia, nos encontramos con una descripción tan elocuente como esta: «El terreno se iba llenando de montecillos por todas partes. Eran de tamaños muy distintos, algunos no mayores que madrigueras de topos, otros tan grandes como carretillas, dos del tamaño de casitas de campo. Y los montecillos se movieron e hincharon hasta estallar, y la tierra desmoronada se derramó por los costados, y de cada montículo surgió un animal»[314]. Por tanto, en la recién creada Narnia, todo estalla de vida y crecimiento.

En cuanto a la risa que suscita Venus, debemos decir que, en esta novela, como en ninguna otra de la saga, el recurso a la comedia es continuo. Las dos escenas más significativas a este respecto son la desopilante confusión de la que es víctima la bruja Jadis en Londres, cuando cree que está siendo venerada como diosa por los ciudadanos, aunque en realidad está siendo descalificada[315], y la que tiene como involuntario humorista

314 Ibid., 47.

315 *Cf.* Ibid., 40.

al primer cuervo parlante de Narnia. Esta última escena provoca el desconcierto de los animales, pero Aslan les indica: «Reíd y no temáis, criaturas. Ahora que ya no sois mudas ni necias, no tenéis por qué mostraros siempre solemnes. Pues los chistes, igual que la justicia, van unidos al habla»[316]. A todo ello debemos sumar las situaciones que provoca el Tío Andrew, cuya torpeza está destinada a inducir la sonrisa del lector.

El cobre, metal asociado a Venus

En *El sobrino del mago*, la alusión al metal asociado a Venus no es tan obvia como lo es en los otros relatos; sin embargo, resulta muy elocuente y digna de mención. Cuando los niños llegan a Charn, descubren que el sol no es amarillo, sino rojizo[317]: esto no solo es símbolo de la decadencia de una estrella, sino que también apunta implícitamente al color propio del cobre. Y por si esta indicación resultara insuficiente, debemos recordar que Venus es peligrosa y que sus designios muchas veces conllevan la tristeza del hombre; por esta razón Lewis especifica que el sol de Charn no muestra un ápice de alegría.

3. Otros datos de interés

En *El sobrino del mago*, Lewis procura hacer frente a dos problemas que estaban acogotando la sociedad del momento: por un lado, el panteísmo; por el otro, la amenaza nuclear. En efecto, después de la Segunda Guerra Mundial, estos dos peligros se deslizaron como nunca entre los hombres: el primero, a nivel filosófico,

---

316 Ibid., 49.

317 *Cf.* Ibid., 22.

pues el neopaganismo profesado por la Alemania nazi caló muy hondo en la cultura de entonces; el segundo, por supuesto, a nivel existencial, ya que la Guerra Fría podía estallar en cualquier instante[318]. Veamos, pues, de qué modo confronta nuestro escritor estos riesgos en su libro.

3.1. Aslan y Narnia no son lo mismo

El panteísmo sostiene que Dios y el universo son equivalentes, es decir, que todo lo que existe es una manifestación de lo divino. Sin embargo, esta noción es contraria a la cosmovisión cristiana, que propugna a un Creador trascendente y distinto de su obra. En sus escritos, Lewis subraya de manera clara la distinción entre el Creador y su creación: «Los cristianos piensan que Dios inventó y creó el universo del mismo modo que un hombre pinta un cuadro o compone una canción: un pintor no es su cuadro, y no muere si su cuadro es destruido. Podéis decir: "Ha puesto mucho de sí mismo en él", pero con esto solo queréis decir que toda la belleza y el interés del cuadro han salido de su cabeza»[319]. Sin duda, estas palabras lo alejan indiscutiblemente del pretendido panteísmo.

No obstante, en *El sobrino del mago* quiso hacer hincapié en ello. Por este motivo, en la escena de la creación, deja claro que Aslan es un ser preexistente que

318 *Cf.* J. BEVERSLUIS, *C.S. Lewis and the search for rational religion*, William B. Eerdmans Publishing Company, Grand Rapids MI 1985, 227 pp.

319 C.S. LEWIS *Mero cristianismo*, Ediciones Rialp, Madrid 2009[6], 54.

dota de vida a su obra: «En la oscuridad, empezaba a su ceder algo por fin: una voz había comenzado a cantar [...]. Hasta que vieron al cantor, y entonces olvidaron todo lo demás. Era un león. Enorme, peludo y radiante, se hallaba de cara al sol que acababa de alzarse»[320]. Además, Aslan crea y otorga la razón a sus criaturas, y aunque las dirige providencialmente, nunca se confunde con ellas.

3.2. La Palabra Deplorable

La Palabra Deplorable remite indiscutiblemente al mito de Lilit. Esta, en efecto, después de pronunciar el nombre mágico de Dios (*sic*), concitó bajo su mando las fuerzas del mal, a fin de estragar todo lo bueno que hay en la creación. Como la bruja Jadis desciende de ella, goza de la misma autoridad: al pronunciar, pues, dicho conjuro, destruye Charn, que antaño fue una bella ciudad.

Por tanto, cuando los niños llegan a Charn, descubren un panorama desolador: «En tierra, en todas direcciones hasta donde alcanzaba la vista, se extendía una ciudad inmensa en la que no se veía ni un ser vivo. Y todos los templos, torres, palacios, pirámides y puentes proyectaban largas sombras de aspecto desastroso a la luz de aquel sol marchito. En el pasado, un gran río había discurrido a través de la ciudad, pero el agua había desaparecido hacía ya mucho tiempo, y en aquellos momentos no quedaba otra cosa que una amplia zanja

---

320 C.S. LEWIS, *El sobrino del mago*, en *Las crónicas de Narnia. Obra completa*, 42-43.

de polvo gris»[321]. No es descabellado afirmar que C.S. Lewis se inspiró en el invierno nuclear causado en Japón por los misiles atómicos

El sobrino del mago fue publicado en 1955, es decir, en plena Guerra Fría, cuando la humanidad vivía bajo la amenaza de un nuevo lanzamiento. Lewis, como intelectual y apologeta cristiano, era muy consciente de los dilemas morales planteados por el uso de armas de destrucción masiva[322], por lo que el paralelismo entre la Palabra Deplorable y la bomba atómica es factible. Esta teoría adquiere mayor interés, si tenemos en cuenta la advertencia de Aslan: «No es seguro que alguien malvado de vuestra raza no encuentre un secreto tan diabólico como la Palabra Deplorable y lo use para destruir a todos los seres vivos. Y pronto, muy pronto, antes de que seáis ancianos, grandes naciones de vuestro mundo estarán gobernadas por tiranos a quienes importará tan poco la felicidad, la justicia y la compasión como a la emperatriz Jadis. Que vuestro mundo tenga cuidado. Esa es la advertencia»[323]. Como la novela está ambientada en el año 1900 y las bombas nucleares serían lanzadas casi una quincuagena después, podemos entender la admonición de Aslan como un vaticinio de lo que Lewis mismo había vivido.

---

321 Ibid., 29.

322 *Cf.* C.S. LEWIS, *To Owen Barfield. The Kilns, Dec 19 1945*, en *The collected letters of C.S. Lewis*, vol. II, Harper Collins, Nueva York NY 2004, 688.

323 C.S. LEWIS, *El sobrino del mago*, en *Las crónicas de Narnia. Obra completa*, 69.

LA ÚLTIMA BATALLA (1956)

El relato narra la caída de Narnia bajo el engaño de un falso Aslan, ideado por el mono Triquiñuela y ejecutado con la ingenua connivencia del burro Puzzle. Los narnianos, confundidos y divididos, son testigos de la llegada de los protagonistas de libros anteriores, Eustace Scrubb y Jill Pole, quienes intentan restaurar el orden. Sin embargo, la verdadera salvación llega cuando Aslan interviene, destruyendo el viejo mundo y abriendo las puertas a una Narnia renovada y eterna.

Nos encontramos ya ante el último tomo de la saga. En este, como en *El caballo y el muchacho*, la aventura transcurre íntegramente en el país del Gran León. El motivo de este hecho radica en el empeño de Lewis por centrar el foco en la historia que pretende narrar, sin injerencias de otras que distraigan el interés del lector[324]. Esto nos lleva a pensar en la trascendencia de la que nuestro escritor quería revestir el relato.

Por otro lado, se trata del libro más complejo a nivel teológico, pues expone temas demasiado profundos para ser comprendidos por una mente infantil. Esto le conllevó a C. S. Lewis no pocas críticas, aunque él siempre se congratuló del resultado final[325]. Y es que, en efecto, la novela aborda asuntos de tanta envergadura como el fin de los tiempos, el juicio final y la promesa de una nueva creación, asuntos inspirados directamente en el libro del Apocalipsis.

---

324 *Cf.* C.S. LEWIS, *To Anne Jenkins (Queen's University, Belfast). As From Magdalene College, Cambridge, 5 March 1961*, en *The collected letters of C.S. Lewis*, vol. III, Harper Collins, San Francisco CA 2007, 1245.

325 *Cf.* L.D. GONZÁLEZ, *Una magia profunda*, Palabra, Madrid 2005[2], 101.

1. Desentrañando la novela

Ya en los primeros párrafos del cuento, leemos pasajes que nos advierten acerca del oscuro ambiente que vamos a encarar: «En los últimos días de Narnia, muy al oeste, pasado el erial del Farol y cerca de la Gran Cascada, vivía un mono. Era tan viejo que nadie recordaba cuándo había ido a vivir a aquel lugar, y era el mono más listo, feo y arrugado que pueda imaginarse»[326]. Aquí no solo destaca el lapso de tiempo que ha transcurrido desde el último relato, sino también la extravagante edad del Triquiñuela, que denota una senectud inédita en los otros volúmenes de la saga[327]. Por este motivo, podríamos decir que el hilo conductor que subyace tras esta narración es la fatalidad.

Para mayor elocuencia, en el siguiente capítulo del libro, Lewis especificará que Tirian es el último monarca de Narnia, y Triquiñuela, un animal que por momentos se torna más viejo y desagradable, hasta el punto de que dirá de sí mismo: «He oído que algunos de vosotros vais diciendo que soy un mono. Bueno, pues no lo soy. Soy un hombre, si tengo aspecto de mono es porque soy muy viejo: tengo cientos y cientos de años»[328]. Todos estos datos, pues, nos ayudan a entrar en el lóbrego ambiente del que Lewis pretende impregnar esta obra[329].

---

326 C.S. LEWIS, *La última batalla*, en *Las crónicas de Narnia. Obra completa*, Planeta, Barcelona 2005, 456.

327 *Cf.* M. WARD, *El planeta Narnia*, CEU, Madrid 2022, 326.

328 C.S. LEWIS, *La última batalla*, en *Las crónicas de Narnia. Obra completa*, 466.

329 Para mayor significación, debemos saber que Lewis pretendía titular este libro como *El último rey de Narnia* o *Anochece*

1.1. El falso Aslan y la apostasía universal

El mono Triquiñuela, manipulador y ambicioso por antonomasia, encarna al profeta ilegítimo que, según el libro del Apocalipsis, ha de venir al final de los tiempos (*cfr.* Ap 13,11-14); por eso, al vestir al burro Puzzle con una piel de león, crea un trasunto del mismísimo Aslan, con el que logra engañar a los narnianos y sembrar el desconcierto entre ellos: por ejemplo, a instancias del simio, los animales parlantes son tratados como bestias de carga, pero ninguno se queja de esta onerosa situación, porque aquel les ha indicado que se trata de un mandato del Gran León[330]. Evidentemente, esta trama refleja la advertencia bíblica sobre los peligros de los falsos

---

sobre Narnia, aunque a la postre optó por el actual, porque pensaba que el texto ya era lo suficientemente oscuro como para tener que remacharlo mediante alguno de esos nombres (*cfr.* C. S. LEWIS, *To Joan Lancaster. Magdalen College, Oxford, April 15th 1954*, en *The collected letters of C.S. Lewis*, vol. III, 455).

330 *Cf.* C.S. LEWIS, *La última batalla*, en *Las crónicas de Narnia. Obra completa*, 464. Estas escenas tienen dos fuentes de inspiración bien identificadas: por un lado, *Rebelión en la granja* de George Orwell, donde unos animales se erigen como caudillos de otros y compadrean con los hombres, a quienes antes habían acusado de enemigos; por el otro, *El señor de los anillos*, en cuyos capítulos finales leemos cómo el mago Saruman intenta erigir una fea ciudad en la idílica Comarca de los hobbits (*cfr.* L.D. GONZÁLEZ, *Una magia profunda*, 102). Tanto para Tolkien como para Lewis, la ciudad era la némesis clara del campo, pues representa la prisa, la impersonalidad, el dispendio..., en definitiva, el pecado; por el contrario, el campo simboliza la paz, la familiaridad, la economía segura, etcétera (*cfr.* S. CALDECOTT, *El poder del anillo*, Encuentro, Madrid 2013, 176-179).

mesías: «Si alguno os dice: "Mirad, aquí está el Cristo", o "Allí está", no lo creáis» (Mt 24,23).

Mucho se ha especulado sobre el recurso de Lewis a la figura del antañón Triquiñuela, un anticristo en toda regla bajo la apariencia de mono: ¿de qué fuentes se sirvió el escritor para crear semejante símil? A nuestro juicio, la elección está claramente influenciada por la tradición cristiana medieval, que no dudaba en tildar a esta malvada criatura de *simia Dei*, es decir, «mono de Dios». El propio Lutero, al que Lewis leía frecuentemente[331], usaba esta terminología, por lo que nuestro escritor no dudó ni por un instante en adoptarla como propia.

En cualquier caso, la Biblia advierte que la llegada del anticristo vendrá acompañada de la apostasía universal y que ambos, por ende, serán un síntoma diáfano del fin de los tiempos: «Primero tiene que llegar la apostasía y manifestarse el hombre de la impiedad, el hijo de la perdición, el que se enfrenta y se pone por encima de todo lo que se llama Dios o es objeto de culto, hasta instalarse en el templo de Dios, proclamándose él mismo Dios [...]. La venida del impío tendrá lugar, por obra de Satanás, con ostentación de poder, con señales y prodigios falsos, y con todo tipo de maldad para los que se pierden, contra aquellos que no han aceptado el amor de la verdad que los habría salvado» (2 Tes 2,3-4.9-10). Así, es evidente que Lewis se inspiró en esta siniestra profecía para enmarcar los últimos días de Narnia: en la novela, por ejemplo, refiere que la aparición del

---

331 *Cf.* C.S. LEWIS, *To Dom Bede Griffiths OSB. Magdalen College, Oxford, 13/11/50*, en *The collected letters of C.S. Lewis*, vol. III, 62.

falso Aslan está precedida por signos astrológicos que conmocionan al país[332], que el burro Puzzle ocupará el puesto del león y que algunos narnianos —en concreto, los enanos— incluso abrazarán el ateísmo[333].

1.2. La segunda venida de Aslan

Como vimos arriba, el asunto que recorre *La última batalla* es la fatalidad. A pesar de su título, en efecto, quizás sea el volumen donde menos expresiva sea la temática bélica. El motivo es bien sencillo, mientras que en las anteriores entregas de *Las crónicas de Narnia* Lewis quiso alegorizar sobre el combate que lleva a cabo la Iglesia en el mundo, en este quiere profundizar sin paliativos en una verdad epatante: la llegada del reino de los cielos no se realizará a través del triunfo histórico de la Iglesia, sino por una victoria de Dios sobre el último desencadenamiento del mal (*cfr.* Ap 20,7-10).

El asunto de esta victoria unívoca de Dios ya había sido abordado por nuestro autor en otro de sus escritos: «¿Por qué Dios no desembarca en este mundo por la fuerza? Los cristianos creemos que lo hará, pero no sabemos cuándo. Sin embargo, podemos intuir el porqué: quiere darnos la oportunidad de unirnos libremente a su bando»[334]. Es por esta razón por la que podemos entender toda la obra como una explicación imaginativa de los tiempos precedentes a la parusía.

---

332 *Cf.* C.S. LEWIS, *La última batalla*, en *Las crónicas de Narnia. Obra completa*, 461.

333 *Cf.* Ibid., 482.

334 C.S. LEWIS, *Mero cristianismo*, Ediciones Rialp, Madrid 2009[6], 81.

1.3. El juicio final y la destrucción de Narnia

La sentencia de Aslan en los últimos capítulos del libro marca el clímax del relato, ya que los personajes son llamados a rendir cuentas de sus acciones. Por supuesto, este episodio se inspira en el juicio final: «Y vi un gran trono blanco y al que estaba sentado en él. De su presencia huyeron la tierra y el cielo, y no se halló ya lugar para ellos» (Ap 20,11). En el cuento, como en el Apocalipsis, Aslan separa a los justos de los malvados, enviando a estos últimos al Reino de Tash, mientras los fieles entran en una Narnia renovada.

Consideramos del todo imprescindible detallar la escena del juicio de Aslan, pues su paralelismo bíblico es más que elocuente: «A medida que llegaban ante Aslan, les sucedía una de dos cosas: todos lo miraban directamente a la cara, no creo que tuvieran elección, y cuando algunos miraban, la expresión de sus rostros cambiaba de un modo terrible; era miedo y odio, excepto que, en los rostros de las bestias parlantes, el miedo y el odio duraban únicamente una fracción de segundo [...]. Y todas las criaturas que miraban a Aslan de aquel modo se desviaban a la izquierda del león y desaparecían en el interior de su enorme sombra negra, que, como ya hemos dicho, se perdía a lo lejos, a la izquierda del umbral [...]. Pero los demás contemplaban el rostro de Aslan y lo amaban, aunque algunos se sentían muy asustados al mismo tiempo Y quienes lo apreciaban, entraban por la puerta, a la derecha de Aslan»[335]. Por supuesto, estos renglones nos recuerdan al juicio de Jesucristo al final

335 C.S. LEWIS, *La última batalla*, en *Las crónicas de Narnia. Obra completa*, 512.

de los tiempos, donde también él separará a los buenos de los malos y los enviará, o bien a su derecha, o bien a su izquierda (*cfr.* Mt 25,31.46).

Sea como fuere, después de este juicio universal, Aslan ordena la destrucción de Narnia: ante los protagonistas, surge un nuevo mundo, más colorido y resplandeciente que el anterior; de hecho, y para su sorpresa, todos reconocen en él la misma Narnia, pero perfeccionada hasta un grado supremo: «¡Esto sigue siendo Narnia, y más real y hermosa que la Narnia de ahí abajo!»[336]. Para comprender en su totalidad esta imagen, quizá debamos retrotraernos a nuestro análisis de *La silla de plata*, donde apuntábamos el deseo de Lewis por cristianizar la filosofía de Platón: así como este último pensaba que el mundo de las ideas era la esencia verdadera de nuestro propio mundo, Lewis creía que la tierra nueva que surgirá tras el apocalipsis será la auténtica tierra a la que el hombre está destinado[337]. Esto es defendido abiertamente por uno de los protagonistas del libro: «Todo esto lo dice Platón, todo está en Platón»[338].

2. La influencia de Saturno

En cuanto al planeta que rige esta última novela, se trata de Saturno, aunque aquí es llamado Padre Tiempo

---

336 Ibid., 523.

337 *Cf.* L.D. GONZÁLEZ, *Una magia profunda*, 105.

338 C.S. LEWIS, *La última batalla*, en *Las crónicas de Narnia. Obra completa*, 519. También en la Escritura podemos encontrar cierto paralelismo a este respecto: «Ahora vemos como en un espejo, confusamente; entonces veremos cara a cara. Mi conocer es ahora limitado; entonces conoceré como he sido conocido por Dios» (1 Cor 13,12).

(curiosamente, Lewis pretendía mantener su nombre original, pero, a fin de preservar la supremacía de Aslan, decidió rebautizarlo de esa manera)[339]. En el cosmos ptolemaico, Saturno era uno de los planetas con mayor influencia sobre el hombre, pero su carácter era ciertamente sombrío: al estar en la esfera más lejana del sistema planetario, se consideraba que su influjo era lento, pesado y frío, y su impacto astrológico estaba asociado con aspectos como la limitación, la muerte, la melancolía y el destino inexorable (todos estos elementos, muy presentes en *La última batalla*). Veamos cómo es descrito por Lewis en su obra *Los planetas*:

> Mucho más allá,
> Va Saturno silencioso por la séptima región,
> Las faldas del cielo. Apenas crece la luz,
> Enfermiza, incierta (el dedo del sol
> Se acobarda con la oscuridad). La distancia nos daña
> Y la bóveda severa del vasto silencio,
> Donde la fantasía se nos quiebra y el justo lenguaje
> Y el amor nos abandonan y la luz nos falta
> Y Marte nos falla y la alegría de Júpiter
> Es como el tintineo del estaño. Con andrajosa ropa,
> Débil de tantos inviernos, camina para siempre
> Un camino cansado y anchuroso, alrededor del cielo,
> Encorvado y trastabillando, con un bastón a tientas,
> El señor del plomo. Él es el último planeta,
> Avejentado y feo. Su ojo engendra
> Pálida pestilencia, dolor de envidia,
> Remordimiento y asesinato. Melancólica bebida
> (Para arruinar o bendecir) de amarga sabiduría

339 *Cf.* M. WARD, *El planeta Narnia*, 327.

Él derrama para su gente, una leva peligrosa
Que el labio no ama. Dejamos todas las cosas
Para alcanzar el borde del redondo firmamento,
La reclusión del cielo, larga y solitaria.

Saturno (o Cronos) es una deidad importante en la mitología grecorromana por su relación con el tiempo, la agricultura y los ciclos naturales. Una de las leyendas más conocidas es aquella en la que devora a sus propios hijos, pues temía ser derrocado por estos cuando crecieran. Después de su parricidio, se asentó en la península itálica, donde enseñó a sus habitantes la ciencia de la agronomía, trayendo una época de prosperidad y paz conocida como la Edad de Oro. En agradecimiento, los romanos construyeron un templo en su honor y cada año celebraban las saturnales, una fiesta que conmemoraba su reinado de abundancia; en ellas, además, se solía invertir el orden social: los esclavos eran tratados como iguales y había una atmósfera de completa alegría.

2.1. El cataclismo de Narnia

La presencia de Saturno ya nos fue preanunciada en *La silla de plata*, donde era descrito de la siguiente manera: «Era mucho más grande que cualquiera de los gigantes, y su rostro no se parecía al de un gigante, sino que era noble y hermoso. El pecho ascendía y descendía acompasadamente bajo una barba nívea que lo cubría hasta la cintura. Una luz plateada —nadie vio de dónde procedía— caía sobre él [...]. "Dicen que despertará cuando llegue el fin del mundo", dijo el guardián»[340]. Por este motivo, en los capítulos finales de *La última batalla* se cumple este vaticinio y somos testigos del extraordinario poder del Padre Tiempo: «El gigante arrojó el cuerno al mar, y a continuación, alargó un brazo —que parecía muy negro y con una longitud de miles de kilómetros— a través del cielo hasta que su mano alcanzó el sol. Entonces lo tomó y lo oprimió en la mano igual que uno exprimiría una naranja y, al instante, todo quedó a oscuras»[341]. No es casualidad, por tanto, que, en *Los planetas*, Lewis hubiese escrito estos versos: «El dedo del sol/ Se acobarda con la oscuridad».

Pero Lewis no solo se sirve de esos versos de *Los planetas* para describir el cataclismo final de *La última batalla*. En efecto, en la novela leemos lo siguiente: «Vieron cómo todos los ríos se ensanchaban y los lagos crecían [...]. Las colinas se transformaban en islas y luego esas mismas islas desaparecían [...], de modo que la espuma chapoteó alrededor de las patas de Aslan»[342]. Así pues, este colapso total recuerda a otro fragmento de *Los planetas*: «Dejamos todas las cosas/ Para alcanzar

---

340 C.S. LEWIS, *La silla de plata*, en *Las crónicas de Narnia. Obra completa*, 421.

341 C.S. LEWIS, *La última batalla*, en ibid., 515. Por cierto, que la mención al cuerno no es baladí, puesto que su sonido trágico alude a la etimología misma de esta palabra: en griego τραγοδια está formada por los términos τραγοσ y οδη, que se traducen respectivamente como «cabra» y «melodía». Todo esto adquiere sentido más pleno, si indicamos que Saturno gobierna la constelación de Capricornio, cuyo símbolo es precisamente un chivo.

342 C.S. LEWIS, *La última batalla*, en *Las crónicas de Narnia. Obra completa*, 514.

el borde del redondo firmamento,/ La reclusión del cielo, larga y solitaria». Narnia se convierte en un lugar oscuro y desolado, donde el sol y la luna desaparecen, y los personajes contemplan este final desde el umbral de una puerta, una imagen que sugiere el límite entre lo temporal y lo eterno.

2.2. La fatalidad y el fracaso

En *Los planetas*, Lewis escribe lo siguiente: «Marte nos falla y la alegría de Júpiter / Es como el tintineo del estaño». Y es que, en efecto, ni la guerra ni la dicha parecen estar del lado de los protagonistas de *La última batalla*; más bien al contrario, en ellos se ceban la fatalidad y el fracaso, que son dos atributos propios de Saturno. De este modo, por ejemplo, el centauro Roonwit falla en su intento de advertir a Cair Paravel del peligro que se le viene encima[343]; el rey Tirian no consigue reclutar aliados para desenmascarar al falso Aslan[344], y los malvados calormenos saborean la victoria una y otra vez. En un momento de desesperación, incluso, el mencionado rey Tirian clama a Aslan de un modo similar a como lo hizo Jesús en el Calvario (*cfr.* Mc 15, 34): «¡Aslan! ¡Aslan! ¡Aslan! Ven a ayudarnos ahora»[345].

Así pues, Lewis frustra constantemente los planes de sus héroes, haciéndoles padecer una calamidad detrás de otra, como una concatenación que no tiene fin. Por este motivo, el cuento está plagado de términos funestos como «morir», «matar», «asesinar» y todo el

343 *Cf.* Ibid., 488.

344 *Cf.* Ibid., 482.

345 Ibid. 471.

campo semántico que les es propio (más de sesenta en menos de doscientas páginas). A este respecto, no es extraño que en *La última batalla* haya más muertes que en el conjunto de toda la saga, subrayando de ese modo el tono sombrío de la historia.

2.3. La edad de oro de Narnia

A pesar de la oscuridad, el relato culmina con la edad de oro de la Nueva Narnia, donde todos los personajes están unidos en igualdad y armonía: «Todos aquellos de los que hayas oído hablar [...] parecían estar allí [...]. No había distinción entre plebeyos y nobles ni entre hombres y animales parlantes, pues todos formaban parte de este nuevo mundo»[346]. Como señalamos arriba, esta escena nos remite a aquellas fiestas de la Antigüedad en las que era conmemorada la bendición de Saturno por sobre los campos de cultivo, cuando los esclavos pasaban a ser tratados como señores y todo el mundo, por ende, gozaba de idéntica dignidad.

Antes de concluir, debemos apuntar la inserción por parte de Lewis de este curioso renglón: «Todo el grupo avanzó hacia el centro del huerto, donde el fénix estaba posado en un árbol y los contemplaba a todos»[347]. La fugaz mención al ave fénix, en efecto, es más relevante de lo que parece: según la creencia clásica, tenía la capacidad de renacer de sus propias cenizas, una idea que sería introducida posteriormente en la iconografía cristiana del Medievo como símbolo de la

346 C.S. LEWIS, *La última batalla*, en *Las crónicas de Narnia. Obra completa*, 522.

347 Ibid., 523.

resurrección. Por lo tanto, su presencia en los últimos capítulos del cuento nos sugiere la victoria final de los héroes, a pesar de que hayan muerto.

2.4. El simbolismo del plomo

Al igual que en algunas novelas precedentes, la mención al metal propio de este planeta está oculta. En efecto, en este caso, el plomo no aparece explícitamente citado en *La última batalla*, pero sí podemos intuir un ambiente plúmbeo que nos remite a él. Por ejemplo, el recurso constante al color gris, al color negro o aun a la climatología, que es adversa en todo momento: llueve siempre y el cielo está permanentemente oscuro. Aunque, por supuesto, el mejor rastro de la presencia del plomo puede ser detectado en el desarrollo mismo del cuento, donde la muerte y la fatalidad se entretejen en todas sus líneas.

3. Otros datos de interés

Los asuntos teológicos presentados por Lewis en esta novela causaron muchas críticas entre sus contemporáneos. Tanto es así que muchos de sus correligionarios incluso creyeron que había dado el salto al catolicismo[348]. Esto es evidente sobre todo en su digresión acerca del destino de los enanos al final del relato, donde podemos interpretar una sutil referencia al purgatorio. Pero este no fue el único problema con el que se topó nuestro escritor, pues la inclusión del malévolo dios Tash ha concitado de nuevo las iras de quienes piensan

348 *Cf.* J. PEARCE, *Escritores conversos*, Palabra, Madrid 2009, 348.

que Lewis denuesta el islam. Sin embargo, nada de esto es cierto. Veamos los motivos.

3.1. El dios Tash y la naturaleza de las religiones horribles

En *La última batalla*, el dios Tash desempeña un papel central como la deidad de los calormenos, cuya naturaleza cruel se revela de manera inequívoca. Su descripción es aterradora y simbólica: «En las sombras de los árboles situados al otro extremo del claro se movía algo [...]. Tenía más o menos la forma de un hombre, pero con la cabeza de un pájaro; un pájaro de presa con un pico curvo y afilado. Tenía cuatro brazos que sostenía muy por encima de la cabeza, alargándolos hacia el norte como si deseara atrapar toda Narnia en ellos [...]. Flotaba sobre la hierba en vez de andar, y la hierba parecía marchitarse a su paso»[349]. Ante su visión, de hecho, los protagonistas del cuento sienten un terror cerval que los paraliza.

Lewis justifica esta abominación argumentando que las naciones horribles tienen religiones horribles, ya que observan a Dios a través de un cristal empañado[350]. Aunque, conforme estudiamos en nuestro análisis de *El caballo y el muchacho*, algunos han interpretado esta representación como una crítica al islam, Lewis simplemente recoge la imagen del Oriente que predominaba en la literatura popular británica de su época para subrayar la oposición entre la civilización cristiana y otras culturas: mientras que el cristianismo confiere

---

349 C.S. LEWIS, *La última batalla*, en *Las crónicas de Narnia. Obra completa.*, 485.

350 *Cf.* C.S. LEWIS, *Mero cristianismo*, 176.

libertad al individuo, permitiéndole buscar consuelo en la providencia divina, esas otras religiones lo atan a un determinismo materialista.

Pero centrémonos en la figura de Tashlan, una mezcla blasfema entre Tash y Aslan ideada por el mono Triquiñuela: a través de ella, en efecto, Lewis introduce una crítica al sincretismo y al relativismo religioso que azotará al mundo antes de la última venida de Jesucristo (*cfr.* Ap 22,6-21). Este desleimiento de ambos dioses genera desconcierto en los narnianos y los enfrenta a una disyuntiva trascendental: renunciar a su fe o mantener la esperanza en el regreso de Aslan. La confusión recuerda las advertencias bíblicas sobre el anticristo, quien, como hemos visto, conducirá a la humanidad hacia una autoglorificación sin referencia a Dios (*cfr.* 1Jn 18,22). Los enanos, que rechazan a ambos dioses, ejemplifican este camino de apostasía que conduce a su autoconfinamiento en las tinieblas.

3.2. El establo: ¿infierno o purgatorio?

El destino de los enanos, confinados en un oscuro establo, plantea una pregunta teológica interesante: ¿se trata de una imagen del infierno o del purgatorio? Para responder a esta cuestión, debemos saber que Lewis, siguiendo la sugerencia del Evangelio (*cfr.* Lc 14,16-20), entendía el cielo como un banquete pantagruélico en el que los comensales se divierten y chancean entre sí, compartiendo sin remilgos las dádivas que tienen frente a ellos; mientras que el infierno, por el contrario, sería un lugar tétrico en el que cada invitado come de su propia vajilla y en el que es incapaz de alegrarse ni bromear con nadie[351]. Por tanto y, a bote pronto, podríamos responder que el establo donde yacen los enanos es una clara imagen del infierno.

Pero la pregunta de Lucy a Aslan nos sugiere otra cosa: «¿Podrías hacer algo por estos enanos?»[352]. C.S. Lewis ya había jugado con esta posibilidad en su libro *El gran divorcio*: «Si lo dejan atrás, ese pueblo gris no habrá sido el infierno; para todo el que lo deja, habrá sido el purgatorio»[353]. Por este motivo, el Gran León se aviene a la petición de la niña e intenta auxiliar a los enanos, pero estos rehúsan en todo momento su ayuda. Siguiendo el hilo del pensamiento de Lewis, podríamos decir que eligen el infierno.

A pesar de ello, y como arriba hemos indicado, muchos contemporáneos de Lewis creyeron que este había abrazado el catolicismo. Y aunque no fue así, lo cierto es que, en lo referente al purgatorio, Lewis discrepaba respecto de la enseñanza anglicana: «Nuestras almas *exigen* el purgatorio, ¿no es así? ¿No se nos rompería el corazón si Dios nos dijera: "Es verdad, hijo mío, que tu aliento huele y tus harapos gotean barro y limo, pero aquí somos benévolos y nadie te censurará estas cosas ni se apartará de ti: entra en el gozo"? ¿No responderíamos: "Con sumisión, Señor, pero, si no hay ningún inconveniente, primero *preferiría* que se me limpiara"?

351 *Cf.* C.S. LEWIS., *Los cuatro amores*, Ediciones Rialp, Madrid 2021[17], 87.

352 C.S. LEWIS, *La última batalla*, en *Las crónicas de Narnia. Obra completa*, 510.

353 C.S. LEWIS, *El gran divorcio*, Ediciones Rialp, Madrid 2017[5], 84.

"Eso puede doler, ¿sabes?". "Aun así, Señor"»[354]. La ruptura de nuestro escritor en este asunto con el anglicanismo, por tanto, es más que evidente.

3.3. La eucatástrofe en Narnia

El término «eucatástrofe» fue acuñado por J.R.R. Tolkien. Mediante este neologismo, el autor de *El señor de los anillos* intentaba significar los finales desapacibles pero consoladores de muchos relatos. Así lo explica en una de sus cartas: «El súbito giro feliz en una historia que lo atraviesa a uno con tal alegría que le hace saltar las lágrimas [...]. Produce su peculiar efecto, porque es un súbito atisbo de la Verdad [...]. La Resurrección es la mayor *eucatástrofe* posible en el mayor Cuento de Hadas, y produce esa emoción esencial: la alegría cristiana que provoca lágrimas porque es cualitativamente equivalente al dolor, porque proviene de los lugares donde la Alegría y el Dolor son lo mismo, reconciliados al perderse en el Amor el egoísmo y el altruismo»[355]. Para Tolkien, pues, la *eucatástrofe* encierra una verdad evangélica: el mal parece triunfar siempre, pero Dios le da la puntilla cuando toda esperanza está perdida.

C.S. Lewis había asumido como propio este pensamiento de Tolkien. Por este motivo, durante toda la novela, el mal parece derrotar constantemente al bien; sin embargo, la intervención final de Aslan da paso al

---

354 C.S. LEWIS, *Cartas a Malcolm (Si Dios no escuchase)*, Ediciones Rialp, Madrid 2020[5], 148.

355 J.R.R. TOLKIEN, *A Christopher Tolkien, 7-8 de noviembre de 1944*, en *Las cartas de J.R.R. Tolkien*, Minotauro, Barcelona 1993, 163-164.

triunfo definitivo: donde se habían asentado la desesperación y la derrota, aparece la alegría final. Narnia vivirá para siempre. Indudablemente la coda que merecía esta saga.

Epílogo

Llegados al final de nuestro viaje, solo me resta agradecer al lector su compañía. Ha sido un honor compartir con usted esta aventura apasionante, pues me ha seguido de cerca por el camino de una pesquisa con la que yo mismo he aprendido mucho: cuando leí por primera vez *El león, la bruja y el armario*, ignoraba todo sobre C.S. Lewis; hoy, sin embargo, y gracias a este estudio, soy capaz de ponderar su valía e incluso de disfrutar, más si cabe, de *Las crónicas de Narnia*. Espero que usted pueda decir lo mismo.

Aunque ahora conviene que repasemos el camino que hemos emprendido juntos. Al comienzo de nuestra andadura, señalamos que la vida y la obra de nuestro autor están imbricadas de tal manera que resulta muy difícil disociarlas; pero esto, lejos de suponernos un obstáculo, se ha convertido en nuestro mejor trampolín, porque, gracias a su biografía, hemos podido zambullirnos en el significado más hondo de *Las crónicas de Narnia*: de este modo, por ejemplo, si hubiésemos pasado por alto la trágica muerte de la madre de Lewis, habríamos ignorado su interés por detallarla en *El sobrino del mago*; si hubiéramos dejado al margen sus nefastas experiencias en los colegios ingleses, no habríamos entendido su crítica a los modernos métodos de enseñanza de *La silla de plata*, o si no hubiéramos sabido nada de la Alegría, habríamos descuidado el porqué de esa sensación que embarga a los Pevensie cuando escuchan hablar de Aslan por primera vez en *El león, la bruja y el armario* (o incluso el motivo de que, en *El caballo y el muchacho*, Shasta lance inquisitivas miradas al norte, donde se halla el mágico país de Narnia). Sin duda, pues, era necesario indagar en esta materia.

La Alegría es, en efecto, el hilo conductor que recorre toda la saga narniana; tal vez porque también fue el eje fundamental sobre el que pivotó la biografía de nuestro autor (recordemos que él mismo, en sus memorias, advierte que ella es la auténtica protagonista de su historia)[356]. Es verdad que Lewis, al principio, la interpretaba como un deseo vago e inexplicable, despertado por la literatura y la naturaleza; sin embargo, con el tiempo comprendió que era una llamada directa de Dios, que lo convocaba a su través a un mundo mejor que el nuestro, donde se encontraba la dicha que él buscó con ahínco durante toda su vida. Narnia, en este sentido, es la encarnación literaria de ese anhelo: un mundo que invita a los personajes y a los lectores a buscar algo más allá de lo inmediato, a no conformarse con lo efímero, sino a aspirar a lo eterno; y Aslan, por supuesto, no es un mero personaje literario, sino la respuesta a esa búsqueda, el encuentro definitivo con la Verdad.

Como hemos estudiado a lo largo de estas páginas, Lewis creía firmemente que la Inglaterra de su tiempo debía ser reeducada en el evangelio, porque las diversas vicisitudes históricas habían conseguido que sus contemporáneos olvidasen la centralidad de Jesucristo. Para ello, por consiguiente, estimaba oportuno sembrar la semilla cristiana en los niños, para que germinase en ellos y, cuando crecieran, diera su fruto. Él comparaba este proceso con los mitos de la Antigüedad: del mismo modo que estos allanaron el camino a la Revelación a

356 *Cf.* C.S. LEWIS, *Cautivado por la alegría*, Ediciones Encuentro, Madrid 2008[3], 22.

los hombres de antaño, su particular mitología narniana prepararía a sus lectores infantiles para conocer finalmente al Hijo de Dios[357].

El mundo de Narnia, pues, es el universo imaginativo que Lewis creó para dar forma a esa Alegría que él experimentó de continuo y, por ende, para conocer mejor el misterio de Dios; pero, asimismo, es el mundo que él creó para para que otros experimentasen igualmente la Alegría y conociesen también a Dios. No es extraño que él se hubiera sentido elegido de algún modo para esa misión tan importante: «El hecho de saber que Aslan se ha servido de mí para mostrarse más real ante ti me llena de humildad y no de orgullo. Él podría haber utilizado a otro cualquiera, como cuando escogió a un pobre burrito para reprender al profeta Balaán»[358].

A este respecto, Lewis defendía que un hombre debe ser capaz de transmitir las verdades del evangelio en su propio lenguaje, porque, de otro modo, significaría que no las ha comprendido en absoluto[359]. Pues bien, ya que él concebía la literatura como «su propio lenguaje», se sirvió de ella para transmitir las verdades eternas sin necesidad de recurrir al didactismo directo. Su perspectiva sobre la fantasía se alejaba de la simple evasión y se acercaba más a la concepción de Tolkien de la *subcreación*: es decir, el escritor, como imagen del

---

357 *Cf.* C.S. LEWIS, *To Philinda Krieg. Magdalene College, Cambridge. 6/5/55, en The collected letters of C.S. Lewis*, vol. III, Harper Collins, San Francisco CA 2007, 657-658.

358 C.S. LEWIS, *To Lucy Matthews. The Kilns, Headington Quarry, Oxford, Sept. 14th 1957*, en ibid., 882 [trad.].

359 *Cf.* C.S. LEWIS, *To Joan Lancaster. The Kilns, Headington Quarry, Oxford. 26/6/56*, en ibid., 822.

Creador, da forma a mundos que, aunque ficticios, pueden revelar aspectos profundos de la realidad. En este sentido, Narnia se convierte en una suerte de catequesis simbólica, donde los lectores pueden intuir los grandes misterios de la fe a través de relatos accesibles y llenos de maravilla. Él denominó a este método de evangelización «teología de contrabando».

En opinión de nuestro escritor, en ninguna época histórica se cultivó mejor este tipo de escritura que en la Edad Media, porque, en ella, la fe y la literatura iban de la mano, de tal forma que, sin la religión cristiana, no habría existido la poética medieval. Por este motivo, Lewis quiso que Narnia fuese un universo claramente inspirado en el Medioevo, período que para él representaba el ideal de caballería y nobleza que el mundo de hoy ha perdido irremediablemente. Toda la obra, por tanto, está entreverada de «indicios medievales» que transportan de inmediato al lector a ese ambiente tan querido por él: espadas, armaduras, pabellones, etcétera. Para mayor enjundia, debemos recordar que cada volumen de la saga responde a una temática particular, influida por el pensamiento medieval, la cosmovisión cristiana y el simbolismo planetario: la influencia de Júpiter en *El león, la bruja y el armario*; la de Marte, en *El príncipe Caspian*; la del sol, en *La travesía del viajero del alba*; la de la luna, en *La silla de plata*; la de Mercurio, en *El caballo y el muchacho*; la de Venus, en *El sobrino del mago*, y la de Saturno, en *La última batalla*. Todo esto nos ha permitido comprender cómo Lewis estructuró su narrativa bajo un orden simbólico preciso, enraizado en la tradición cristiana y en la filosofía de la Edad Media.

Gracias a todo ello, el impacto de la heptalogía narniana ha trascendido el ámbito literario. Su influencia, en efecto, ha sido determinante en la formación de generaciones de lectores, que han encontrado en estas historias no solo entretenimiento, sino también una guía moral y espiritual. Podríamos decir, por tanto, que C. S. Lewis logró su objetivo: traducir verdades profundas en relatos accesibles para niños y adultos, mostrando que la imaginación no es enemiga de la fe, sino una aliada fundamental en la búsqueda de Dios. Uno de los aspectos más destacados de su legado es la manera en que logró equilibrar el simbolismo cristiano con una historia atractiva y coherente: *Las crónicas de Narnia* nunca es percibida como un simple alegato religioso, sino como un mundo lleno de vida, donde las aventuras, los personajes y las tramas funcionan por sí mismas sin necesidad de una interpretación teológica inmediata. Esta es la razón por la cual la saga sigue siendo relevante hoy en día, atrayendo tanto a creyentes como a lectores que simplemente buscan una buena historia.

Al terminar este camino, podemos decir que el mundo de Narnia es, en definitiva, el mundo interior de C. S. Lewis, el reino de su imaginación, donde él volcó sus anhelos más profundos, sus alegrías y sus preguntas. A través de sus siete libros, por tanto, nos abrió a todos la puerta de acceso, para que pudiéramos franquearla y compartir con él sus vivencias, y conociéndolas, pudiésemos encontrar la senda que lleva hasta Dios. Porque, mediante sus historias, Lewis nos recuerda que la fantasía no es un simple refugio, sino una brújula que nos orienta hacia lo eterno: Narnia es más que un lugar imaginario; es una invitación a buscar la verdadera patria del cielo (*cfr*. Flp 3,20). Como dice Aslan en *La última batalla*: «El trimestre ha finalizado: empiezan las vacaciones; el sueño ha terminado: ha llegado la mañana»[360]. Así pues, tal vez ese sea el mensaje final de *Las crónicas de Narnia*: el recordatorio de que nuestra historia no termina aquí, sino que la verdadera aventura empieza ahora.

360 C. S. LEWIS, *La última batalla*, en *Las crónicas de Narnia. Obra completa*, Editorial Planeta, Barcelona 2006, 524.

Bibliografía

1. Fuentes de C.S. Lewis

All my road before me, Harper Collins, Londres 1991

Cartas del diablo a su sobrino, Ediciones Rialp, Madrid 2008

Cartas sobre Narnia, Ediciones Encuentro, Madrid 2010

Cautivado por la alegría, Ediciones Encuentro, Madrid 2008

Christianity and culture, en Christian Reflections, Eerdmans Publishing Co., Grand Rapids MI 2014

Dios en el banquillo, Ediciones Rialp, Madrid 2021

El diablo propone un brindis, Ediciones Rialp, Madrid 2006

El gran divorcio, Ediciones Rialp, Madrid 2017

El peso de la gloria, Ediciones Rialp, Madrid 2017

El problema del dolor, Ediciones Rialp, Madrid 2010

El regreso del peregrino, Editorial Planeta, Barcelona 2008

Ensayos literarios selectos, Ediciones Rialp, Madrid 2023

Esa horrible fortaleza, Ediciones Minotauro, Barcelona 2006

George MacDonald, Ediciones Rialp, Madrid 2017

La abolición del hombre, Ediciones Encuentro, Madrid 2016

La alegoría del amor, Ediciones Encuentro, Madrid 2015

Las crónicas de Narnia. Obra completa, Editorial Planeta, Barcelona 2005

Letters to an american lady, Eerdmans, Cambridge 2014

Lo eterno sin disimulo, Ediciones Rialp, Madrid 2017

Los cuatro amores, Ediciones Rialp, Madrid 2021

Los milagros, Ediciones Encuentro, Madrid 2017

Más allá del planeta silencioso, Ediciones Minotauro, Barcelona 2006

Mero cristianismo, Ediciones Rialp, Madrid 2009

Mientras cae la ruina y otros poemas, Ediciones Encuentro, Madrid 2017

Mientras no tengamos rostro, Ediciones Rialp, Madrid 2017

Perelandra. Viaje a Venus, Ediciones Minotauro, Barcelona 2006

Si Dios no escuchase (Cartas a Malcolm), Ediciones Rialp, Madrid 2010

The collected letters of C.S. Lewis, vol. I, Harper Collins, Londres 2000

The collected letters of C.S. Lewis, vol. II, Harper Collins, Nueva York NY 2004

The collected letters of C.S. Lewis, vol. III, Harper Collins, San Francisco CA 2007

The letters of C.S. Lewis to Arthur Greeves, Collier Books, Nueva York 1986

Una pena en observación, Editorial Anagrama, Barcelona 1994

2. Fuentes sobre C. S. Lewis y sus obras

BARRANCO, P., *El regreso del peregrino. La fe según C.S. Lewis*, Clie, Barcelona 1999

BROWN, D., *Tras el umbral de la imaginación*, Rialp, Madrid 2007

CARPENTER, H., *The Inklings*, Houghton Mifflin, Boston MA 1979

DERRICK, C., *C.S. Lewis and the Church of Rome*, Ignatius Press, San Francisco 1981

DE SEGOVIA, J., *C.S. Lewis. Apologista de la razón y de la imaginación*, Andamio, Barcelona 2013

DURIEZ, C., *Explorando Narnia*, Clie, Barcelona 2008

FAZIO, M., *Secretos de Narnia. Un viaje espiritual hacia el país de Aslan*, Palabra, Madrid 2005

GONZÁLEZ, L.D., *Una magia profunda*, Ediciones Palabra, Madrid 2005

El diálogo entre la fe y la razón en C.S. Lewis, Rialp, Madrid 2007

GREEN, R.L. - HOOPER, W., *C.S. Lewis. A biography*, Harper Collins, Londres 2002

HOOPER, W., *C.S. Lewis. A companion and cuide*, Harper Collins, San Francisco 1996

Past watchful dragons. The Narnian Chronicles of C.S. Lewis, Collier Books, Nueva York NY 1979

KEEFE, C., *C.S. Lewis. Speaker and teacher*, Zondervan, Grand Rapis MI 1971

KILBY, C.S., *The life and thought of C.S. Lewis*, Harold Shaw Publishers, Wheaton IL 1964

LEWIS, W., *Brothers and friends*, Ballantine Books, Nueva York 1988

Memoir of C.S. Lewis, en *Letters of C.S. Lewis*, HarperOne, Londres 2017

MCGRATH, A., *C.S. Lewis. Su biografía*, Ediciones Rialp, Madrid 2014

The intellectual world of C.S. Lewis, Wiley-Blackwell, Oxford 2014

MACSWAIN, R. — WARD, M., *The Cambridge companion to C.S. Lewis*, Cambridge University Press, Cambridge 2010

PEARCE, J., *C.S. Lewis y la Iglesia católica*, Ediciones Palabra, Madrid 2014

Escritores conversos, Ediciones Palabra, Madrid 2009

SAYER, G., *Jack. A life of C.S. Lewis*, Crossway, Wheaton (Illinois) 1994

SCHAKEL, P.J., *The way into Narnia. A reader's guide*, William B Eerdmans Publishing Company, Grand Rapids MI 2005

SCHULTZ, J.D. — WEST, J.G., *The C.S. Lewis readers' encyclopedia*, Zondervan, Grand Rapids MI 1998

URBIZU, G., *La imaginación de C.S. Lewis. Una introducción a su vida y obra*, Rialp, Madrid 2003

URTEAGA, J. (ed.), *Una guía de Narnia*, Palabra, Madrid 2005

WAGNER, R., *C.S. Lewis and Narnia for dummies*, Wiley Publishing, Hoboken NJ 2005

WARD, M., *El planeta Narnia. Los siete cielos en la imaginación de C.S. Lewis*, CEU Ediciones, Madrid 2022

WILSON, A., *C.S. Lewis. A biography*, Harper Collins, Londres 1991

WOLFE, J — WOLFE, B., *C.S. Lewis and the Church. Essays in honour of Walter Hooper*, Bloomsbury, Londres 2011

3. Otras fuentes

BARDON, J., *Belfast. An illustrated history*, Belfast 1982

The plantation of Ulster, Gill & Macmillan, Dublín 2011

BERNARD, G.W., *The king's reformation*, Yale University Press, Londres 2005

BROOKE, C. - HIGHFIELD, R. - SWAAN, W., *Oxford and Cambridge*, Cambridge University Press, Cambridge 1988

BROWN, J., *Una historia del puritanismo*, Teología para Vivir, Lima 2023

CALDECOTT, S., *El poder del anillo*, Ediciones Encuentro, Madrid 2013

CARPENTER, H., *J.R.R. Tolkien. Una biografía*, Ediciones Minotauro, Barcelona 2021

CHAPMAN, M., *Anglican theology*, T&T Clark, Londres 2012

CHESTERTON, G.K., *El hombre eterno*, Ediciones Cristiandad, Madrid 2011

DORMOR, D., *Anglicanism: The answer to modernity*, Bloomsbury T&T Clark, Londres 2003

DURIEZ, C., *J.R.R. Tolkien. Genesis de una leyenda*, Ediciones Rialp, Madrid 2013

EMPEY, M. – FORD, A. – MOFFITT, M., *The church of Ireland, and its past. History, interpretation, and identity*, Four Cort Press, Dublín 2017

FARREN, S., *The politics of Irish education, 1920-65*, Queen's University of Belfast, Belfast 1995

FORD, A., *The protestant Reformation in Ireland, 1590-1641*, Four Courts Press, Dublín 1997

FOX, A., *Henry VIII and the invention of the Reformation*, Wiley-Blackwell, Oxford 1997

GRIFFITHS, T., *The anglican tradition: a handbook of sources*, SPCK Publishing, Londres 1991

HOPPEN, T.K., *The Church of Ireland in victorian Dublin*, Four Courts Press, Dublín 2000

JAMES, W., *Las variedades de la experiencia religiosa*, Lectorum, Ciudad de México 2006

LUTERO, M., *Obras de Martín Lutero* (varios tomos), Publicaciones «El Escudo», Buenos Aires 1977

MACCULLOCH, D., *The later reformation in England, 1547-1603*, Palgrave MacMillan Press, Nueva York 2001[2]

MCDOWELL, R.B., *A history of the Church of Ireland in the twentieth century*, Oxford University Press, Oxford 1975

MCGRATH, A., *Theology: the basics*, Wiley-Blackwell, Malden (MA), 2004

Protestant theology: an introduction, Wiley-Blackwell, Malden (MA), 2011

MCKENZIE, T., *The anglican way: evangelical and catholic*, Colony Catherine Inc., Nashville (TN) 2014

NEWMAN, J.H., *Apologia pro vita sua*, BAC, Madrid 2013

NORMAN, E., *The Story of Anglicanism*, Canterbury Press Norwich, Norwich 2001

ORDWAY, H., *La fe de Tolkien*, Mensajero, Bilbao 2024

PEARCE, J., *El viaje de Bilbo*, Palabra, Madrid 2012

REX, R., *Henry VIII and the english reformation*, Palgrave Macmillan, Londres 2006

RIDLEY, J., *Defender of the faith: the story of Henry VIII and his fight with rome*, Penguin Books, Londres 1984

SACHS, W., *Anglicanism: a global communion*, Church Publishing Inc., Nueva York 1998

SPYNKS, B., *The rise, and fall of the incomparable liturgy: The book of common prayer, 1559-1906*, Oxford University Press, Oxford 2017

SYKES, S. – BOOTY, J – KNIGHT, J., *The study of anglicanism*, SPCK Publishing, Londres1988

TOLKIEN, J.R.R., *Cartas de J.R.R. Tolkien*, Ediciones Minotauro, Barcelona 1993

WALLACE, W.J.R., *The Church of Ireland. An Historical Perspective*, Four Courts Press, Dublín 2003

Agradecimientos

Agradezco a José Luis Cabria —a quien va dedicado este libro— su participación tangencial pero decisiva: de él aprendí a condensar, resumir y sistematizar mi obra.

Agradezco también a José Ramón Vindel que me abriera por primera vez las puertas de Narnia al recomendarme la lectura de *El león, la bruja y el armario.*

A Mirian Águeda, por haber ilustrado este libro con tanta belleza y sensibilidad.

A Gabriel Ariza y María Beltrán, por su apoyo constante.

Y, por último, a mi hermano Rodrigo, que ha sacrificado días enteros por mí a fin de que este estudio pudiera ver la luz.

Este libro lleva algo de todos ellos entre sus páginas.

Este libro
se terminó de editar
el 26 de abril de 2025,
san Isidoro de Sevilla.

BIBLIOTHECA
HOMO
LEGENS

Made in the USA
Coppell, TX
23 January 2026

69706072R00163